# 目錄
Contents

U0008239

獻給　貝芙莉

和友人在黑暗裡同行，
勝過獨自一人在光明中獨行。
——海倫·凱勒（Helen Keller）

# 導言

有人對我們說了句什麼，突然間我們被一股不祥的感覺所籠罩。有人做了一件事，我們立刻就變得憤怒或感到警覺。有人用某種態度對待我們，讓我們發狂崩潰。我們聽到有人提及和某個懸而未決的問題或過去創傷相關的某個人、某個地方、或某件事，我們整個人立刻就因為悲傷、憤怒、恐懼或羞恥而緊繃起來。當任何這些情況發生時，我們可以確定的是，觸發點被啟動了。這種「刺激—反應」的經驗在所有人身上都可能發生。這裡的刺激是隱喻性的，指的是一個「觸發點」或「按鈕」：「她說的話觸發了我」、「他做的事激怒／刺激了我」、「我又上鉤了」。我們也可能會用「這件事引爆了我」來做比喻。

觸發點，可能是一個字眼、一個人、一個事件，或一個經驗所觸及而引發的一個即刻情緒反應——例如：悲傷、憂鬱、憤怒、侵犯行為、恐懼、恐慌，或是屈辱、羞恥。字眼、行為、態度、事件，甚至某些人的出現，都可能會在我們身上誘發反射性反應，而那是我們無法控制的。舉例來說，我們對突然出現的一個噪音感到驚訝而驚嚇。這個噪音就是刺激物／觸發點；驚嚇則是反應。我們的反應可能是短暫的，也可能維持一段時間。有時候我們在片刻內就能反應過來。有時候則會變成一種頑念，難以甩開。這會削弱我們的權能，讓我們陷入一種不安心和沒保障的感覺。

我們對觸發點的反應經常是過度的，遠超過刺激物本身所帶來的程度，在時間上也比觸發事件應有的影響力要長久。觸發點影響我們的程度和我們臉皮的厚薄成正比。我們對於他人對我們的行為表現越敏感，我們的恐懼、憤怒或羞恥的爆發程度就越強烈。當我們變得較為堅強，更有自信的時候，我們會發現他人朝我們射來的箭其實刺得並不太深。廣義地說，無論是關於我們自己或是社會，我們需要讓自己的臉皮更厚一點，才能應付我們的世界及它所帶來的陰影，而非選擇逃避。如此一來，我們才能面對這個咄咄逼人世界的猛烈攻擊，有勇氣去處理和療傷。

本書就能幫助我們做到這一點。我們可以學會辨識那些會觸發我們的人事物，並了解其原因。這就是我們重新找回力量的方法，讓我們在即刻的反應方面有更多選擇，從處理觸發事件的經驗中去找到療癒的方式。當一個觸發點伴隨著我們過了一夜，停留得太長時，這就是一個警訊。值得我們去深入研究並加以處理。舉例來說，在工作上有某個人觸發了我們，讓我們在夜晚輾轉難眠。我們必須找他談談，化解衝突，為自己辯解。這就是觸發點如何能夠誘導我們健康邁向更堅定的自我。

我們的反應同時也是建立在我們認為觸發點嚴重程度的信念上。所謂的信念其實可能包括假設、錯覺、預測，和臆測。我們的反應從信念首先轉移為一種感覺的表達，然後有時隨之而來的是言語或行動。通常在我們有機會思考在這種情況下怎麼做才最合理之前，這一切就發生了。觸發點和反應發生得如此之快，我們根本沒有機會暫停下來，看看究竟發生了什麼事，然後做出明智的抉擇。這是因為觸發點會啟動我們的大腦邊緣系統，也就是支援情緒功能的地方，而非我們的前額葉皮質，也就是負責理性思考的地方。我們可以把大腦邊緣系統形容為一匹馬，時而熱情洋溢，時而狂放不羈。前額葉皮質就像是韁繩。我們都是騎士，擁有不同程度但絕對都有改進空間的技術。

用「觸發點」（與「扳機」同字）來比喻這種對即刻反應的煽動再恰當不過了，因為「槍」，也就是引發我們反應的催化劑，是握在他人手中的。使用「按鈕」這種比喻的說法也是，當我們說「他激怒／刺激了我」（他按了我的按鈕），意味著某人做了某件事，在我們內心引爆了核子反應。當我們因觸發點而「上鈎」時，我們被拉進一個反應當中，但事後卻懊惱或憤怒自己又上鈎了。所有比喻都顯示我們如何失去我們個人的力量。某人或某事劫持了我們的沉著，掌控了我們的情感和行動。這就是為什麼觸發點會誇大我們對它們的意義所產生的感覺、反應，以及信念。這些都是完全正常的。被觸發本身並不是一種功能失調，然而，我們對一個觸發點所產生的反應卻很可能是。

在我從事心理諮詢和教學工作上，我曾聽到客戶和學生表示在近年來被觸發的頻率越來越頻繁。有些觸發經驗可能是很嚴重的——舉例來說，一位患有創傷後壓力症候群（PTSD）的士兵被一個讓他回想起戰鬥的聲音觸發，或是一位性侵害生還者因為一個觸碰的觸發而讓她回想起施虐者。其他觸發點的相關經驗或許沒有那麼戲劇性，但他人的反應依然似乎能夠掌控他們。本書將探討各式各樣的觸發點以及反應。我希望它能夠幫助你有更透徹地了解並找到解脫，但很重要的一點是，有些觸發點和反應是如此深刻地烙印在內心深處而且力量如此強大，或許需要一位受過訓練的心理諮詢師，才是邁向療癒的必經之路。

被某人觸發代表他在現實或我們心中地位的重要性是成正比的。例如，我們非常在乎的一個人很可能會因為顯示出拋棄我們的跡象而觸發我們；一個威脅或恐嚇我們的人很容易就能觸發我們，即使對方的本意並非如此；我們暗戀或迷戀的對象無論做任何事幾乎都能觸發我們。當我們賦予他人力量時，我們就等於將他或她的手指放在扳機上——有時那是一觸即發的狀況。但這並不代表我們應該要避免去在乎他人，相對地，我們可以學習去了解並處理我們的觸發點和反應。

有時一個觸發點是即時的，此時此刻，史無前例。舉例來說，當我們第一次聽到一位家人去世，我們會因為悲痛欲絕而哭泣。然而，通常一個觸發點是過去某個經驗的重演。原始的刺激物可能是任何原因，從去年發生的某個輕微困擾到數十年前發生的某個嚴重創傷，通常是發生在我們的童年時期。那些早期的經驗所引發的悲痛是我們尚未完全感受或獲得解決的。因此，觸發點會引發我們希望能夠避免的創傷後壓力。然而，它們也會因此給我們一個活生生的機會去承認並哀悼我們所失去的、那些令人失望的，以及所承受過的虐待。的確，每一個觸發點都是悲傷的催化劑。我們突如其來的反應——例如悲傷和懊惱——正是我們開始表現出悲傷的方式。

一個讓人回顧起古老創傷的觸發事件，在感覺上會像是正在發生一樣。大腦的杏仁核，也就是大腦邊緣系統的一部分，會儲存原始的創傷和恐懼反應，但卻毫無時間感、衝擊感，對於我們在那期間的成長和自我強化也毫無感知。這就是為什麼今天的觸發點依然會讓我們感到和童年時一樣無能為力。我們忘記了我們有內在資源能夠幫助我們去處理挑戰，或者我們忽略而沒有去使用那些資源，因為大腦的那個部位沒有在線上；杏仁核已經強佔了所有的頻道。舉例來說，有時候當我們被觸發時，我們會變得沉默、錯愕、痲木。我們的杏仁核讓我們思考的思維變得啞口無言。當我們重新找回我們在精神上的力量時，我們會在事後訓斥自己，我們會想：「我當時應該說……」，但我們無法運用那個心平氣和的思考過程，因為大腦邊緣系統將之鈍化了。觸發點會啟動交感神經系統，將我們推向「對抗、逃避、僵住不動」的模式。壓力賀爾蒙會過來湊一腳，全都超出我們能夠立刻控制的範疇——這也是另一個讓我們感到無能為力的原因。

今天，多虧了神經科學——更確切地說，是對大腦可塑性方面的研究——我們得知我們能夠重新編寫神經通路，來改變我們自我挫敗的模式。前額葉皮質可以學習用健康的方式來回應事件。如此一來我們就無需受那些即刻、不理性、計劃外的反應所擺佈。儘管如此，然而，即使當我們建立新的神經模式，反應的衝動並不會輕易消失。我們在精神方面的練習或許多少會有所幫助，但它們不見得總是健全強大到足以完全抵消我們大腦邊緣系統的反應。因此，當我們依然會以令我們感到不自在的方式去反應時，我們無需太苛求自己。相對地，我們可以觀察、學習，然後去實踐。

的確，在有意識的注意下，我們的前額葉皮質可以重新構架事件和經驗，以降低其觸發性。全面啟動的前額葉皮質能夠讓杏仁核一些誇大的反應趨於冷靜。從我們的原始腦移至「講理的皮層」，使我們得以喚起另一種正面並能提高使用資源的思緒。漸漸地，新的思緒就能將它取而代之。聖保羅（St. Paul）曾寫道：「弟兄姊妹們，凡是真實的、可敬的、公義的、純潔的、可愛的、有美名的，若有什麼德行，若有什麼稱讚，這些都是值得

你們思考的。」（《腓立比書》4:8 ）

當然，觸發點也可能是正面的——一個引發喜悅、情色興奮，或樂觀的刺激：當我們的團隊贏得勝利或當我們看到人類精神獲得勝利的時候，我們會因為被觸發而感到寒顫、喉嚨哽咽；一張過去幸福時光的照片可能會觸發懷舊的溫馨情感；當我們體驗一見鍾情或感受到親吻所帶來的魔力時也會被觸發。但今天，我們在使用「觸發」這個字眼時，大多數都和令人不安及不愉快的事件有關。本書中所探討的就是那種負面的觸發——那種不僅會引發悲傷、憤怒或恐懼的觸發，有時甚至是痛心、羞恥、罪惡感、失望、辜負、懊惱以及絕望的情緒。在這些情況下，我們的反射行為可能是逃避、對抗，或僵住不動——但全都是過度反應。當我們逃避得太快、對抗得太激烈，或僵住不動太久時，我們的經驗感受也會是負面的。

觸發點如果只導致反應，而沒有資源讓我們能夠去應對反應的時候，那就是死路一條。在本書中，我們將學到當我們有工具能夠應對的時候，觸發點不見得一定會導致那樣的後果。我們可以在刺激和回應之間安插第三個選項。我們可以從一個兩部曲的經驗昇華到一個三部曲的實踐：

**觸發點→反應**

可以成為：**觸發點→反應→資源**

然後，漸漸地，可以演變成：**觸發點→資源**

我們可以動員內在資源，為的不僅是去應對觸發事件，而是進一步去處理引起它們發生的創傷，去療癒一些創傷後壓力。如此一來，觸發點對我們的影響力也會減弱。我們的感覺會從不安全轉變為更安全，從感到不安轉變為感到安心，也就是自我信任的本質。觸發點是建築在我們無法信任自己的錯覺上。有了內在資源，我們就會發現我們其實是可以信任自己的——而且是真實不虛的。

創傷雖然不可能永遠消失，但它可以變成過去式，而非依然造成傷痛的現在式。我們無法完全消除觸發點，但我們也無需如此激烈地去回應。我們可以調整我們被觸發的易感性，以及我們被觸發後的反應。我們可以學習在盲目反應之前事先察覺而止步。觸發點所帶來的影響是可以被鈍化的，而我們的反應時間也可以縮短。我們可以讓觸發機制作廢，如此一來我們就不會負傷，而只是觸及皮毛。

唯有：我們的目標並非剷除所有的觸發點，而當我們認真去處理我們的創傷，尤其是透過心理治療的過程，才有辦法達到這個境界。這會讓我們對觸發點和我們內心必須去處理的一面之間的關聯變得更有自覺是找到源頭，著手進行等待我們已久的心理和精神療癒工作。這就是如何將觸發點變成工具的方法。

隨著我們調度內在資源，有越來越多的日常觸發點可以被轉化為資訊，但卻不會進一步侵襲我們內心的平靜：「噢，他是這樣說的喔。」、「是喔，她那樣做了。」、「看來他們是用那樣的態度看待我的。很有意思。」我們在所有的討論當中都會牢記在心的是，有些創傷令人擔憂的程度和嚴重性如此之高，以至於無法輕而易舉消失，而資源也不會輕而易舉出現。

在本書中，我們將學到我們的內在資源其實正是能夠幫助我們處理感受、體驗、他人對我們做的事、發生在我們身上的事、以及人生百態的能力。資源是一種科技，是讓我們學會很容易就能夠輕鬆、泰然自若、迅速取得的能力。當我們被觸發後，我們無需成為他人言語或行為之下的受害者。我們將能準備萬全去處理朝我們擊來的「眾矢亂石」。後面的章節，將能幫助我們「武裝起來與無涯苦海為敵」，不過，當然是軟性的武裝。

內在資源就像是土壤的含水層滋養著我們。它們能幫助我們去信任所發生的事不會帶來像觸發點一樣的後果：讓我們感到意外震驚、讓我們陷入沮喪、讓我們成為攻擊目標，或是讓我們因恐懼或羞恥而崩潰。我們最佳的內在資源來源就是我們與生俱來的足智多謀、我們的創造力和獨創性去積極處理現實，或閃躲任何朝我們而來的麻煩。

但這並不代表我們不會時而需要去面對超越我們能夠處理的狀況。有時候，內在供給的數量如此之少，根本無法和朝我們襲擊而來的觸發點或危機相匹敵。當這種情況發生時，我們需要啟動能夠為我們當下的不足助一臂之力的內在資源：我們需要尋求協助。我們需要外在資源，我們的支援系統，來幫助我們度過難關。

我們可以在內心找到寶貴資源，不單是心理層面，還有精神層面。心理學能幫助我們發展內在資源，例如對需求的領悟以及以正確的方式表達並加以履行的能力。我們可以學習控管我們的情感，讓自己擺脫抑制，信任我們的獨創性。靈性提供的資源則包括冥想、正念、免於依戀、放下自負。這裡的每一項都可以成為我們個性上的特質。我們在心理層面所下的功夫以及精神層面的實踐將會相輔相成，來提升和豐富我們的內在資源。這也是身體力行的終極目標。

其他的回應方式可能包括在面對焦慮或威脅時，轉而沉溺於成癮行為。我們可能會藉由食物、性、酒精或其他毒品來面對人生中的難題，這些都會削弱我們的足智多謀。但無論我們的工具變得多麼生疏，我們都可以將它恢復到原有的光澤。以下就是你能在本書中找到的途徑：首先，我們會專注在觸發點上，探討它們是什麼、為什麼會發生、以及來源。然後我們會探討能夠幫助我們處理這些狀況的工具，包括內在與周遭。這些資源包括心理方面、神經科學方面，以及精神方面。接下來，我們會特別關注那些導致悲傷、憤怒和恐懼的觸發點。由於這三項是構成悲痛的要素，我們會特別就那一方面進行探討。我們同時也會探討觸發點在感情關係中是如何發生的。

在每一個小節，我們都會找出有用的練習或實踐方法，包括來自佛教的教義。你在閱讀本書的同時，或許會遇到某些讓你印象深刻的段落是讓你想要畫重點的。我建議可以將這些想法寫在一本札記中或是紀錄於平板電腦上，去好好思索它們的涵義。你也可以將它們寫在卡片上製作成一組字卡供你每天練習。在一本書中任何讓我們感到印象深刻的內容，都是一種正面的觸發點，可以指引我們哪裡需要改進。在生命中的許多層面找到療癒是最理想的結果。

我們每個人都可以問這個問題：「我的內在儲備是否足以應付我當前人生故事中所面臨的觸發點和挑戰？」接下來的章節中將會探討這個問題，並且為我們人生旅程中所置身的任何神秘處境指引方向。

第一章

# 觸發我們的事物和原因

在本章中，我們將深入探析觸發點這個主題。我們會學習藉由觸發我們的事物來更加了解自己以及我們的過去。我們會找到方法讓我們從慣性思考和行為模式轉換為有意識的自我掌控，從反應轉換為回應。然後我們的觸發點就會進而轉換為療癒的資源，而我們也會對於我們自己能夠轉變的力量感到更加無比樂觀。

對精神層面而言，防彈衣是不存在的。人生的現實面是，有些事件就是會帶給我們情緒上的衝擊，啟動我們內心的壓力反應——它們會鈎住我們，拉扯著我們的鐵鍊。事實上，「觸發點」（Trigger）這個字眼源自荷蘭文，意思是「拉扯」。當我們被觸發時，我們會被拉扯進而有所反應。我們可能會感到害怕、發脾氣、喘不過氣、崩潰。

有些事件會讓我們感到苦惱，但不會導致過度誇張的反應。當我們只是注意到某個刺激但卻沒有反應的時候，就代表我們並未被觸發。見證是被觸發的相反。這也是為什麼正念——也就是見證此時此刻但沒有反應——是一項不可或缺的工具，能讓我們的觸發點變少，並能更有效率地處理我們有的那些觸發點。

「他朝我撲來的樣子觸發了我！」、「沒有人能像她那樣激怒我！」、「他們每次都讓我上鈎。」在所有這些情境當中，我們或許會覺得自己像是觸發點及他人手下的受害者。但實際上，觸發點是很狡猾的。它們會把一個兩部曲的體驗讓人感覺像是一部曲。這是因為我們的反應是緊隨著發生在刺激事件之後。事實上，觸發點——也就是體驗的第一部曲——確實是由他人所煽動發生的。但我們的反應——也就是第二部曲——是我們自身的責任，而且是根據我們過去的經驗造成的。我們正在被自身那些未完成的事物所霸凌。一個觸發經驗警示著我們自身的某個心理方面的問題需要去面對、處理並加以解決。如果我們只是一味地讓觸發事件一而再再而三地發生，尤其對象都是同一人的時候，我們也只能怪罪於自己。對方並不是造成觸發點的原因，只是催化劑罷了。觸發點的作用是激發、喚起或引發；它並不會製造結果。觸發點是促成因素，而非決定因素。我們每一個人都會根據一個觸發點所挑起的個人問題而有所反應，就像「大沼澤地」（Everglades）這個字眼對一位佛羅里達州的居民和一位堪薩斯州的居民會帶來不同的反應和意義一樣。

不過，我也要宣佈一項免責聲明：有時候觸發反應確實是某個人所造成的。有時候我們在反應或回應方面並沒有太多選擇。舉例來說，面對暴力肢體攻擊，我們會被觸發產生恐懼或防禦反應。某人對我們造成肢體傷害並不是一種催化劑；對方就是造成我們痛苦的原因。任何時候當我們身為虐待事件受害者時，這個觀點都適用。

我們對觸發點產生回應的感受介於被引發和被催化之間。威脅或衝擊的程度將會影響或決定我們的反應。我們回應的自由程度餘地則是以百分比來衡量的。舉例來說，百分之五十和百分之五十，百分之九十和百分之十。在本書中，我們著重的是感情關係情境中的觸發點，因此我們的主題是催化式的觸發點，而非原因式。我們會強調我們所擁有的資源，因此我們的主題會著重在選擇上，而非那種別無選擇的情況。

新紀元時代的大眾心理學主張我們能完全掌控自己的情感，但這其實是非常危險的錯覺。這種理論堅稱我們不但能完全握有掌控權，而且永遠都能做到。這點和我們無法掌控世事難料的事實是不相符的。比如說，接到摯友或親戚突然過世的噩耗，一個神智正常、敏感的人會出現驚訝、悲痛的反應，他的身體在心跳、呼吸、脈搏和大腦突觸方面都會自動出現變化。這是人類應有的正常反應，這不是我們可以避免的，而且想要試圖去控制也是不健康的。同樣地，我相信如果我們任何人意外猝死，我們也會希望自己的親朋好友能夠產生有愛的人會產生的那種感受：驚訝和悲痛，這也是那些在乎我們的人最後一次向我們告別致敬的方式。

探索我們被觸發的反射反應來源並且努力將之拋在腦後，決定權掌握在我們手中。我們可以學習如何做到這一點。我們必須學會將觸發點看成是指點我們尚需努力的忠告，而非只是把它看成有正當理由的反應。如此一來，觸發點能喚起我們對自身的好奇心，而非只是對他人的反應。我們會找到應當把精力放在何處以便解放自己，不被他人的行為所綁架。換言之，我們會變成獨立的個體。

每個人都有自己獨特的觸發點。有些觸發點是大眾性的——雖然個人的反應可能會不盡相同。一些常見的觸發點，也就是大多數人都知道的爭議性敏感議題如下：

- 有人在我們面前表達他們的感受（尤其當這些感受是針對我們而來時，我們特別會被觸發）。
- 我們蒙受突如其來的損失或親人離世。
- 我們接到壞消息。
- 發生天災。
- 有人施以攻擊性或暴力行為。
- 某個人、事、物讓我們回想起過去的痛苦或創傷。
- 書籍、電影或歌曲可能會喚起情感、勾起回憶、帶給我們真知灼見、激發改變，或是決定心情。來自過去的電影或歌曲可能會讓我們產生懷舊情感。

- 我們因為經歷壓力而導致成癮反應（在這種例子中，觸發點並非原因而是催化劑）。

以下是大多數人都能產生共鳴的九大觸發點類別，以及它們如何發生的具體實例。

## 一、因自覺而感到不自在

- 我們被羞辱或被人評定有所不足。
- 我們處於孤立或隸屬於一個在性別、種族、性向、宗教、政治立場、經濟狀況方面與眾不同的群體。
- 當我們拿自己目前的生活狀況和他人的進展相比時所產生的羞恥感。
- 當有人在談話中提及年齡、地位、健康、儀容、衣著、長相、成就時，我們就會亮起警示燈。
- 我們被指名公開上臺發表談話。

## 二、不受重視

- 我們希望我們的成年子女多多陪伴我們，但他們卻不想。
- 有人用諷刺的態度對待我們。

- 我們成了代罪羔羊、被人嘲笑、遭人嘲弄、被人取笑，或是遭人引誘上當。
- 有人擺出高人一等的姿態對待我們、貶低我們、輕視我們。
- 我們不受尊重（如果虐待或侵略性行為同時發生的話，觸發性就會越強烈）。
- 我們感到沒面子或是被人貶低或羞辱（如果發生在我們在乎其看法的人面前，觸發性就會越強烈）。
- 我們被人冷漠以待或怠慢忽略。
- 我們被放鴿子或受困在某處、等待過長時間、預約被臨時取消。
- 有人表現得彷彿像是我們不在現場，彷彿我們說的話、我們的感受或行為絲毫不重要。
- 我們的經驗不被採信。
- 當我們陳述一件有邏輯和證據為依據的事實卻遭人否定時。

## 三、感覺受到控制

- 我們遭受控制，或是身邊有人是控制狂。
- 有人告訴我們現實狀況是如何；有人把他們眼中的現實觀點強硬加諸在我們身上。
- 有人為我們做決定；有人告訴我們應該要如何感受、怎麼做、如何思考。

## 四、被人佔便宜

- 我們被搶劫或被愚弄、欺騙、詐騙而蒙受金錢損失。
- 有人使用了我們提供的服務但不付錢，或是有人欠債不還。
- 我們沒有得到我們認為我們應得的份。
- 我們得到的比他人得到的少。
- 我們被人欺騙、捉弄、欺瞞、矇騙或背叛。
- 我們被扭曲、誤解、懷疑、抹黑或誣告。

## 五、感到脆弱

- 人們不給予我們支持，或是恥笑我們的感受。
- 當我們即將要考試，或是即將收到考試結果時。
- 當他人不公平地對待我們，或是當我們面對排山倒海而來的問題卻求助無門。
- 我們被人超車時。
- 我們開車時，乘客在一旁指揮。
- 我們遇到交通事故，或是差點出車禍。
- 有人明知道我們不喜歡，卻一直重複惹人厭的習慣或是已承諾不再做的行為。

- 一個性經驗勾起不愉快的感覺和念頭，揮之不去地困擾著我們。

## 六、感情經驗

- 我們得罪某人並恐懼後果。
- 我們籠罩在對方的過度關心當中產生窒息感。
- 一個我們很在意的人告訴我們說他或她要搬走了。
- 我們所愛的人不願意為我們犧牲或突然背叛我們。
- 我們在意的人不支援我們或是幫著他人來和我們作對。
- 有人不把我們的感覺當一回事。
- 有人無法對我們的感覺感同身受。
- 我們意外撞見最近分手的前任，在約會網站上看到對方的介紹，聽說對方過得很不錯。
- 突然意外撞見或必須見到前夫／前妻，或是某個和我們有未解衝突的人。
- 我們注意到某個曾經和我們很要好的人現在卻用漠然或疏離的態度對待我們。

## 七、人際界線方面的顧慮

- 有喝醉酒或吸毒的人朝我們撲來。
- 有人在和我們調情，或是出現不應當或性別歧視的表現。
- 有人正在跨越我們的人際界線，可能是非常大幅度地，例如推翻我們的決定，或是小程度地，例如在家中餐桌或餐廳用叉子直接從我們的餐盤上取食物品嚐。
- 有人在催我們，不尊重我們的時間。
- 我們被人審視、盤問，或是被逼問一連串的問題，特別是當我們剛到家或到公司的時候。
- 有人試圖推銷東西給我們，或是用咄咄逼人的方式來說服我們。
- 有人表現得像是自己是權威，然而事實並非如此（例如：哥哥姊姊試圖控制我們）。
- 某人權威人士拒絕聆聽我們的意見。
- 當我們說「不！」的時候卻沒有被尊重。

## 八、對於發生的事感到不自在

- 一位家人或伴侶當著大庭廣眾之面做或說一件讓我們感到難堪的事。
- 當我們即將與一位陌生人見面時。

- 當我們即將第一次與某人發生性關係。
- 有人在談論政治或宗教，但談論的方式令人反感或和我們的觀點背道而馳。
- 有人的想法很偏執，或是藉由貶低他人來開玩笑。
- 我們因為種族、宗教、經濟狀況、政治傾向、性別、性向、肢體或心理障礙而被人歧視、迫害，或排除在外。
- 當我們聽到新聞，強烈反對政客和政府機關的所作所為時。
- 當我們看到某人在傷害動物時。

## 九、恐懼可能發生的事

- 當我們被某個權威人士像是上司、國稅局或員警質問、控訴或威脅時。
- 有人使用帶有批判或威脅意味的既定觀點詞語、行為或手勢。
- 有人用意味著拒絕或批判的表情對待我們——例如：皺眉、表現出不耐煩、嫌惡、訓斥、盛怒。
- 某人的口氣中似乎帶有威脅、不屑一顧、居高臨下、簡略（尤其如果這種口氣讓我們想起我們父母和我們說話的語氣就更具觸發性）。
- 我們被某種迷信或魔力信念所觸發。舉例來說，我們可能會相信自己即將面臨懲罰，因為我們做錯了什麼事，或是因為我們很乖所以應該要被獎勵。

有些人不用做上述的那些事就會觸發我們。這個人的出現，或是甚至想到這個人，就會觸發某種反應。如果上述的事件發生在我們所愛的人身上，我們也可能會被觸發。

有些觸發點會帶來雙重打擊。舉例來說，使用上述清單中的一個例子，我們告訴我們的女兒吸毒的危險性，但她拒絕聽話。這會觸發我們，而我們的反應是挫折，但同時也帶有同情心。於是我們拿出科學文獻的證據，她的回答卻是：「你們愛怎麼相信是你們的事。」這再度觸發了我們，因為我們知道她是在說我們沒有事實根據，我們拿出來的只是看法而已。我們的反應又帶著更多的挫折——我們感到自己不被當一回事，而且對方還有居高臨下的態度。請注意，在這個例子中，就像所有觸發事件一樣，對方雖然是扣上扳機的人，但如何被打擊卻是取決於我們自己。

我們也注意到清單上的每一個觸發點在人生和感情關係當中都是必然——所有的觸發點皆是如此。清單所顯示的是人生有時會出現的面貌，以及人們有時會表現的方式。人生中的必然包括失落、不公、痛苦的經驗、失敗的計畫。人類互動中的必然則包括失望、拒絕、拋棄、背叛等可能性。沒有人有資格可以享有沒有觸發點的人生，我們所有人都可能受到其他人和其他事件的影響。幸虧，在此同時，我們所有人也都擁有內在資源可以這樣回應：「是的，事情就是這樣，而在我身上發生了什麼事？」有了這種態度，我們就能更深入地去探索自己，而非無益地去怪罪別人。我們越能無條件地用「是」的態度去接受現實，我們就越不容易被觸發。

每個人都有屬於自己的觸發點名冊。觸發我們的事物很可能對我們的朋友毫無影響。我們看到某人以堅定、自信的態度回應他人的輕視，換作是我們肯定心煩不已。我們對他心生仰慕，希望也能像他一樣。然而，事實上，原因很可能是因為那種輕視並不在他的觸發清單上，因此實際上他根本不需要什麼勇氣去回應。當他被激怒時，很可能就不會以我們在這個例子中所見到的自信去回應了。有時我們稱之為勇氣和無所顧忌的東西，實際上只是因為沒有被觸發而壓抑罷了。

觸發點會引發自我懷疑。我們相信我們無法管理好自己的情緒和反應。我們不信任我們的內在資源。然而，取得這些工具，能夠促進安心與保障的恢復。同樣地，在情感關係中擁有安心與保障，能夠將平時具觸發性的事物變成沒什麼大不了的。過去很能會刺傷我們的，現在卻能夠從我們身上彈開。

如上所見，觸發點會引起悲痛：我們對失落感到悲傷。我們會遷怒於造成它發生的人。我們會擔心我們無法處理它在我們人生中所留下的那份空缺。當下具攻擊性的反應可能是想要去避免那些悲痛的組成要素。然後我們會推翻一項內在資源，也就是我們本能的哀悼能力。我們會降低我們處理失落、失望、背叛、痛心的能力。當我們允許自己去體驗悲痛並接受它是人生的一部分時，我們就能發現穿越它的途徑。這能夠增進我們的自我信任；我們有把握我們擁有健康的資源並且能夠在需要的時候適時取得。有時我們對某個觸發點的反應會讓我們違背我們自己的原則。舉例來說，我們懷疑伴侶對自己不忠，反應是恐懼、痛心和憤慨，然後我們會越界進入平常時我們會加以尊重的領域，去搜查他的手機、簡訊、電郵，甚至開車跟監。健康的處理方式應該是告訴我們的伴侶我們的感受和疑慮，一起用對話或心理諮商的方式去面對問題。

有些觸發點——舉例來說，像是在他人面前被嘲笑——可能不是過去創傷的二度刺激；也就是說，可能並非創傷後壓力的結果。它們可能只是某個真正令人困擾的情況下所產生的適當反應。我們可能會因羞恥而崩潰、變得憤怒，或進而報復。健康的反應，同時也是一種可練習運用的反應，應該是留心地說一句「唉喲！」但卻不帶批判或報仇的意味。僅只說一句「唉喲！」我們用的是肯定但非攻擊性的態度劃下了界線並尋求對話。如果沒有合理交談的空間，我們唯一健康的回應方式就是離開現場。大腦邊緣系統的氛圍會掩蓋過前額葉對話！

## 真實和想像的觸發點

當我們知道我們被某個事物觸發，無論觸發點是衝著我們個人而來或大眾性的，我們都會特別去留心注意。這種處於高度戒備的狀態會導致我們去幻想根本不存在的東西。舉例來說，我們可能會不公平地去評判他人，因為我們的態度或行為是建立在一種錯誤懷疑的基礎上。以下就是一個例子：帕斯卡來自一個家人都不給予他支持的家庭。他的父母沒有盡到捍衛他的責任，當他有需要的時候也沒有站出來保護他。這使得帕斯卡變得非常敏感，尤其是在朋友或伴侶是否足以信任給予他支持這方面。有一次他甚至幻想他們沒有站出來支援他，但事實上他們確實這麼做了。在一場派對上，一位同事，寇爾，鼓勵帕斯卡另外去找一份能夠完全善用他創意的工作。帕斯卡的朋友們和他的妻子，茵蒂雅，也衷心地表示同意。但帕斯卡卻覺得寇爾的話是在貶低他。他感到痛心，因為茵蒂雅和他的朋友們沒有站出來為他說話，竟然還附和了寇爾。回到家後，他怪罪了茵蒂雅。

經常，在一段感情關係中，怪罪是建立在誤會或幻想一個根本沒有被觸發的觸發點的基礎上。此外，怪罪通常是悲痛的掩飾。而帕斯卡真正感受到的其實是悲痛。在茵蒂雅解釋之後，帕斯卡才恍然大悟自己錯了。然後他找到了安慰或釋懷，但那並無法幫助他去辨識並解決他觸發點反應性背後那根深蒂固的模式——只是緩解罷了。帕斯卡依然需要協助，去找出能夠幫助他從痛苦的觸發點通往個人療癒的有用途徑。

有些觸發點是建立在事實之上，有些則是完全基於錯覺。舉例來說，恐懼會創造出一個扭曲版的現實，就像一個色盲者眼中的世界。我們可能會以偏執的幻想或信念去回應一件根本不危險的事。我們會被一件根本沒有發生的事觸發——就像我們在帕斯卡和寇爾的例子中所看到的狀況一樣。

以下是關於恐懼如何能夠觸發和誤導的一個個人經驗。有一次我在我位於麻州圖克斯伯里的家中，看著窗外的後院。我看到我的貓，凱芙，進入遇險模式，猛然將她的背拱起並且兇惡地發出嘶嘶聲。我並沒有看到危險，於是心想她究竟為何會有此反應。當我看到另外一扇窗外時，我這才明白她為何大驚小怪。一隻外表溫馴的可卡幼犬跑進院子來了。這隻幼犬不僅絲毫不具威脅性，他甚至沒有看見凱芙。凱芙被觸發進入恐懼模式，可是根本沒有值得恐懼的事在發生。我記得我當時就在想，這整個場景對於一些我自身的恐懼反應可以說是很好的比喻。我的故事告訴我們，就像那隻害怕的貓，我們也很可能會誤解某些觸發點。那麼我們所有的觸發點是否都有可能是可卡幼犬呢？我們是不是都像凱芙一樣，所害怕的事物其實根本不可怕（或許她所害怕的那個對象其實根本只是想玩而已）？同理，我們有時也可能會感到恐懼，即使是身處於安全地帶——這對於我們和貓而言都是很正常的。

當我們想像中事態的意義或嚴重程度與現實不符時，這也代表我們是被錯覺所觸發。由於我們陷入了自己的預測當中，這種誤判是幾乎無法注意到的。以下就是一個例子：潔米告訴她的朋友凱西說，她年底就要搬走了。潔米的話是觸發點；凱西立刻就有種不妙的感覺。潔米的訊息只是在說她要搬離這個城鎮，她的決定並不代表她要拋棄凱西。然而凱西卻有這種感覺，因為她的情緒無法分辨離開和拋棄，任何離開都被視為拋棄，而這也誇大並誤解了它的意義。（對拋棄的恐懼也加倍了觸發點的影響力。）當凱西明白悲痛是合理的，但被拋棄的感覺正是她需要努力克服的地方，這樣才能從她的反應中受益。這個例子讓我想起心理學家艾瑞克．艾瑞克森（Eric Erickson）在一九五〇年的著作《童年與社會》（*Childhood and Society*）一書中所言：「為什麼我們以為臉已經別過頭，但其實只是眼神飄往他處罷了？」

再舉一個例子，是經驗中的錯覺詮釋較不易察覺的。洛可單身，但很希望能夠有個伴侶。他同時因為自己即將在另一個城市工作六個月，於是想要把公寓分租出去。有意租房的人來看過他的房子，但最後都選擇其他公寓。他被觸發進入擔憂或恐慌模式。他知道自己即將離開，心想：「我還是沒有人。」這句話是個線索，讓我們得以看出洛可在不知不覺中將商業交易和感情擔憂混為一談。他覺得那些來看房子的人沒有選他因而有被拒絕的感覺，但實際上他們只是沒有選擇那間公寓。洛可需要努力的是，看清他的孤立感或覺得自己毫無價值如何汙衊了一樁本應看作直接了當的商業行為。

在兩個案例中我們都注意到，當我們無法區分資訊和個人時，就會被觸發。同理，在兩個案例中，悲痛都是適當的反應，而觸發點幫助我們看清我們應該努力的地方。當一個觸發點能成功做到將我們推向自省，那就是真正的恩賜。

凱西和洛可可能會告訴他們的朋友自己如何被觸發。他們的朋友可能會急忙解釋道：「噢，事情不是這樣的。」但那句話是對大腦主掌理智性的部分所說的，也就是前額葉皮質。而觸發反應是發生在大腦邊緣系統。因此理性解釋是行不通的。那些朋友是在用大腦語言說話，而聽者卻是用邊緣語言在思考。那個部分的我們是不會聽理由，也不願聽理由的。凱西和洛可必須努力深入探究他們反應的原始來源，並且找出他們一直在逃避的適當感覺。

關於我們暴露於觸發點的最後一點觀察是，我們可以回溯亞里斯多德（Aristotle）對於我們身為舞臺悲劇觀眾時所感受到的憐憫和恐懼。當我們在看戲劇或電影時，我們確實會被觸發。我們發現自己有所反應，彷彿舞臺上的情節就發生在自己身上一般。根據我們在螢幕上所看到的，我們會情緒高張或熱淚盈眶，但故事其實是我們自己的。戲劇已經轉移到我們身上，在我們自身受傷心靈的小劇場中激烈展開。

然而，我們可以用感情去反應，但卻無需參與接下來所發生的行為。在恐怖電影中，我們會感到恐懼，但我們依然安坐著，等到下一幕出現時，我們就會把它給忘了。當電影中的人物面臨不幸時，我們會流淚，但我們並不會因絕望而崩潰。當我們看到他們承受不公待遇時，我們會憤怒，但我們不會抗議或報復。這提醒了我們，我們確實有能力可以無需採取行動來應對觸發點。

我們血肉的邪心會引導我們到一個荒唐的結局：
但我們有的是理智，可以沖淡我們洶湧的熱情。

——莎士比亞（Shakespeare），《奧賽羅》（Othello）

## 當觸發點存在於我們心中

觸發點可以從外在勾動我們，人們的所作所為或事件都可能煽動我們。但有時觸發點並非來自外在，而是燃自內心：我們回想起一個具創傷性的事件；我們想像可能發生在不遠或遙遠將來的事；我們產生罪惡感或羞恥感，並感到大難臨頭或即將接受懲罰的恐懼；我們發覺我們傷害了一位朋友的感情，因而被觸發產生可能失去這份友誼的恐懼。當然，這些都可能只是錯覺。我們必須向我們的朋友求證，才能得知他的感受是否和我們所相信的相符。

以下這個例子就顯示了內在觸發點和我們的童年之間的關聯。假設從小我們就持續經常被他人越界，包括受到侵犯虐待。這會導致我們對於「被請求去滿足某人的需求」和「覺得這是命令」之間的體認範圍縮短。倘若沒有這種背景，這個範圍應該是很大的；我們可以很輕易地看出差異。當一個朋友請我們幫忙，某種形式的支援，我們可能會把她的請求聽成是命令，因為我們習慣把這兩者看成是同義詞。我們可能因此變得急躁而很容易生氣——而且無法相信我們的憤怒是有理的。但相反地，我們可以直接問她，她是在請求還是命令。如果她只是在請求，我們可以謙卑地坦誠相告。「我有時候會搞不太清楚，所以需要他人幫忙釐清辨別。」

以下是另一個關於體認範圍經驗的例子。我們在童年時沒有獲得良好的關懷，只是一味地受到審視——沒有受到照料，只有監控。我們沒有感受到支持，而是受到審查，特別是要確保我們是否為人處事正派誠實。長大之後，我們可能會懼怕關注，無論對方的本意有多麼真誠。我們對於關注的體認範圍，從健康的關懷到不健康的審視，也因此被縮短了。我們只能感受到負面的那一頭，也就是熟悉的那一頭。而今所有形式的密切關注全都成了觸發因素。我們覺得受到了威脅，並且以童年時所感受到同樣的恐懼感去回應。

這也引發了下一個問題：被觸發的人是誰？不是那個後來成為腦外科醫生兼醫院部門部長的那位女性；而是那個依然住在她身體內，一而再再而三地被告知她有多麼不足，而且永遠都不會改變的小女孩。不是那位後來成為佛教僧侶，深受僧伽信任，勝任掌管許多重要事務的男子；而是那個一舉一動都被監管，被訓練不能信任他自己的小男孩。在我們有能力可以劃分界線去抵抗之前，我們體內的那個孩子的杏仁核早已被訓練出恐懼、羞恥，以及那種有所不足的感覺。被觸發的其實是體內的那個孩子。外面世界中那個長大的成年人依然時常受到內在制約的擺佈，無論他或她多麼有成就、聰明才智，甚至是自信。

我們可能會以下列的一些方式觸發自己：

- 內心升起感覺，尤其是突然、意外，或超出我們控制的情況下。
- 我們產生一種直覺、預感、懷疑，或第六感。
- 我們一直在做我們不喜歡做的事——例如：拐彎抹角謀求他人恭維、抱怨、有心擺佈他人、過於被動、和那些不願意接受新知識的人陷入爭執當中。
- 我們可能被自己的義務感觸發。這可能導致我們做出無法反映我們自己最深需求、價值觀和願望的抉擇。
- 我們因為讓某人失望而感到羞恥，尤其如果是因為我們沒有信守承諾而導致的話。
- 內心的批評可能觸發我們，讓我們陷入自我懷疑或自責當中。

- 回想起過去的某個創傷事件、我們犯的某個錯誤、我們所做的某件不自豪的事一直遺留在心中成為懊惱，而那可能會觸發我們，讓我們責怪自己，或者，在適當的時機去試圖彌補。
- 回想起過去的某個快樂事件，或在我們人生遭遇困難或痛苦時帶給我們慰藉的智慧之言。
- 如果我們在孩子長大成人之後無法放開我們照顧他們的方式，我們可能會因為他們的獨立或個人問題而被過度觸發。
- 恐懼和恐懼症可能被觸發成為讓我們誤以為有幫助的行動或儀式，但其實不然。
- 一個夢可能會在我們做夢的當下以及醒來之後觸發我們。
- 我們任何的感官都可能觸發我們。我們的嗅覺尤其強烈，而且記性長久。當我們聞到某個讓我們聯想起過去經驗的味道時，很容易就會被觸發——例如，某種食物、香水味、花朵、人或屋子的味道、臭味等。

有些觸發點是從無意識中產生的，我們的意識可能會花一陣子的時間才能趕上。它們大多是以移情為依據。這表示將我們對過去某個人的感覺、期望或信念無意識地移情到現在的某個人身上。我們和父母仍有未了情結，而某個擁有相同特質，有時甚至是長相的人出現在我們生活中。這一回，觸發點不會導致一陣暴怒，或讓我們凋零悲傷，或陷入恐懼，而是較不易察覺的。我們試圖讓那個觸發者支持我們、認同我們，或是對我們表現出愛意，就像當年我們希望我們的父母能做到的。如果對方有所保留或保持距離，我們就會被觸發，然後可能會在我們對對方的要求上反應得更加浮躁。我們會使出我們所知道的每一個詭計，我們能夠辦到的每一個伎倆，來強徵對方實現我們的需求。然而，這也是矛盾之處。因為在此同時，我們也不知不覺地在訓練對方變得越來越像我們的父母，這可能表示對方也變得越來越有所保留。我們在訓練對方輕視我們。當他吝嗇的時候，我們依然留下來，好讓我們能夠再次見到爸爸的吝嗇。然後我們可能會縮減我們的要求，最終淪落到苦苦哀求擁有少許的連結。然後，在突然恍然大悟之下，我們發覺對方的確就像爸爸一樣，而我們明白自己原來都在小題大作些什麼。覺悟解放了我們，讓我們從過去的移情來到了現在。我們看清了今日的觸發點是如何傾聽過去的，見識到我們的過去如何用施暴的方式進入我們現在的感情關係中，而我們又是如何被觸發勾動。

內在觸發點的一大反應就是悲痛，無論是否表現出來。這種觸發點在電視影集《風流軍醫俏護士》（*M*A*S*H**）的一個場景中完美地詮釋出來：劇中醫療隊的司令官，薛曼·波特上校（Colonel Sherman Potter），知道他的士兵患者已經笨拙地嘗試了幾次企圖自殺。有一天，上校發現這位士兵在空無一人的手術室中笨手笨腳地摸著麻醉機，又再度嘗試想自殺。上校被觸發進入盛怒狀態，將管子和面具從士兵手中搶過來。然後他用正確的方式打開機器，把面具推向那位小兵的臉，說道：「你一而再再而三地搞砸，現在讓我示範給你看應該怎麼做吧。你想死嗎？好，我們就著手進行吧！」那位士兵被觸發進入驚嚇和恐懼狀態。他把面具推開大叫道：「你瘋了嗎？離我遠一點！」但上校依然堅持（雖然本意從來不是想傷害他）。突然間，那位年輕人放聲大哭，將臉埋在那位長官的胸前，像嬰兒般哭泣著。於此，上校溫柔地摟著他，輕聲說道：「很好，那個想活下去的你比那個想死的你更堅強。」而這個哀戚的場景也告一段落。當我看這一集的時候，我察覺到的是更深切的意義。我看到自殺和懸而未決的悲痛之間的關聯。當一個人無法開始走過悲痛或無法結束它時，就更有可能會考慮自殺。

我們有時會封存我們的悲痛——也就是說，無法開始感受到它。但有時，我們又在悲痛中堅持不懈——也就是說，無法停止感受到它。我們在抑鬱的狀態下會去壓抑它。我們在瘋狂的時候會受它支配。《風流軍醫俏護士》影集中的那位士兵終於允許自己的悲痛完全浮出水面。這樣做讓他獲得了解脫，或許終其一生他都不會再受到自我毀滅的需求所困。壓抑或挫折的悲痛所帶來的觸發點不再指向他。相對地，他被正面地觸發找到了解決之道。

我們不能忽略該場景中的另一個細節：悲痛發生在一個在乎的人的臂彎中。這種放手陷入悲痛同時被安全地擁抱著的組合，讓我們得以獲得避免陷入絕望的解藥。這確實是一種矛盾：悲痛是我們邁向希望的門檻。

唯有當某人用她的手臂摟住嬰兒時……那個「我」的時刻才能被忍受，或者應該說，承擔風險。

——D.W. 威尼科特（D.W. Winnicott），《剝奪與不良行為》（Deprivation and Delinquency）

## 心魔

某些佛學大師會用一種實踐方式來喚醒自己，那就是邀請所有混亂和災難的惡魔來造訪他們。渺小的自我這樣說：「我還沒有到那個境界。」但一個更勇敢、更豁達的自我則回答道：「或許我已經那麼做了。」

——史蒂芬．T．巴特菲爾德（Stephen T. Butterfield），《雙面鏡：佛教密宗的懷疑之旅》

（The Double Mirror: A Skeptical Journey into Buddhist Tantra）

「心魔」是一種比喻，意指無法和解、令人困擾、殘酷無情的內在衝突。這是另一種內心引起的觸發點。心魔源自於過去。它可能會以多種形式出現——舉例來說，深受懊惱、羞恥、揮之不去的罪惡感、某些支配著我們可怕過去經驗的感覺所苦。同樣地，當我們壓抑我們的創傷時，它們就會轉變為被掩埋的幽靈。這些都可能成為心魔，因為墳場就在我們心中。

心魔會帶來一種內在崩潰的苦惱感，是一種混亂一直在朝我們逼近，不停抓住我們的感覺。這種狀況感覺就像是我們內心有一場戰爭，而停戰或簽訂條約都遙不可及。心魔會折磨著我們，觸發焦慮和一種無力感。這是一種自我矛盾——也就是說，我們無法將它整合到我們的正常感當中。它讓我們感到異常，就像是被一個邪惡的惡魔附身。

心魔是無法完全解釋清楚的。我們意識到它們的存在，但我們卻很難去描述它們的組成，或者它們想要從我們身上得到什麼。心魔其實就是一種不可言喻的煎熬。由於需要道出我們的痛苦才能療癒，因此心魔是很難驅逐的。

事實上，心魔是我們的自我深信不疑並困擾我們的思想形式及範式。心魔會讓一個人成癮或陷入某種形式的逃避，包括自殺。心魔會以自我欺瞞的方式消除我們保護自己的能力。我們必須去面對它，而非逃避它。同理，我們可能會覺得惡魔比我們自己更了解我們。但，他對我們的了解是不具支持性的——這也是最糟的一種了解方式。

然而，對於高我，也就是超越自我的更大生命體而言，心魔並不陌生，也不具威脅性。我們的整體性可以遷就我們有意識的自我無法辦到的事。我們會藉由感受創傷在我們身上所造成的悲痛來啟動我們自身的這個層面。如果惡魔是關於過去某件應遭譴責的事所產生的懊惱，我們就應允許自己，在現在，為我們過去的作為感到懺悔。我們為過去尋求寬恕，我們試圖去彌補，我們承諾在未來會改變我們的行為。

當我們接受我們自身的惡魔是我們人生麻煩中一個合理存在的角色時，我們才能愛自己。然後就連我們的不穩定性和不完整性都能被接受。在佛教傳統中，密勒日巴（Milarepa）大師先是試圖將惡魔從家中驅逐出去，但最終與他們對話，而他們也被轉化成盟友。我們的心魔也同樣能夠被轉化。

我們的一些惡魔來自於羞恥感。但我們應該要區分羞恥感和罪惡感，避免將這兩種經驗混為一談。它們對於理解觸發點十分重要，因為，我們在左表的解釋中就可以看到，不同感受會導致不同的反應。同樣地，每一種經驗都有其獨特的療癒歷程準則。以下就是兩者的區分：

| 罪惡感 | 羞恥感 |
|---|---|
| 和行為或無所作為有關，是關於我們所做的事或未做的事。 | 是關於我們自身。 |
| 代表：「我做了錯事或壞事。」 | 代表：「我錯了或我很壞。」 |
| 包括原始信念，認為我們應該受懲罰。 | 包括一種信念，認為我們不被愛、毫無價值、受到鄙視。 |
| 是一種批判或判決。 | 是一種感覺。 |
| 在我們做出不道德的事情時，可以是一種健康的反應。 | 可以回溯到我們早年受傷或羞恥的感受，但不盡然一定是出於做錯事。 |
| 通常是關於我們知道的某件事；我們知道我們做錯了。 | 無法完全解釋清楚；我們不太知道自己到底哪裡錯了。 |
| 會帶來外在影響。 | 存在於我們內心。 |
| 和我們對他人所做的事有關（罪惡感是關於與他人之間的交易）。 | 和他人對我們的看法有關（羞恥是關於我們對自己的感覺）。 |
| 可能包括掩飾或承認。 | 是自我否定。 |
| 包括知道他人如何受我們的行為所影響。 | 無法被他人的批評而觸發。 |
| 幫助我們更注意他人以及社會契約；我們的是非之心讓我們步上正軌。 | 幫助我們避免做出會讓我們成為社會笑柄或讓我們失去自由的事；我們對蒙羞的恐懼具有遏制作用。 |
| 包括一種潛在意義，讓我們知道可以藉由告解、被寬恕而讓自己獲得解脫。 | 讓人覺得完全無法擺脫或獲得解脫。 |
| 可以導致悔悟和彌補。 | 將痛苦深藏於內心，並可能將之加諸在他人身上來減輕自身的羞恥感。 |
| 一旦我們彌補之後，就能導致自我寬恕。 | 無法允許我們原諒自己。 |
| 開闢出一條通往贖罪的道路。 | 無法從懊悔中得到解脫。 |
| 可能導致對他人感受和權利的關懷。 | 可能導致抑鬱或侵略行為。 |
| 可能會對他人表現出關心。 | 可能對我們自己或他人產生憎恨。 |
| 可能因為彌補或自我寬恕而完全消失。 | 一直會是個傷口，直到我們培養出自尊和自我同情。 |
| 我對於自己對他人刻薄感到有罪惡感。 | 我很羞恥自己是個善良的人，但卻會做出刻薄的事。 |

最後關於罪惡感的一點：在我們早年由家庭或宗教所灌輸的罪惡感是一種常見的內在觸發點。當罪惡感來得正是時候，我們會對這種尊重社會契約的訊息和建議表示歡迎。當罪惡感不該出現時，我們會辨識得出來，然後學會放手。身為成熟的成年人，我們明白對於那些並非真正應受譴責的罪惡——例如，自慰——對方最終所關切的並不是我們違反誡命的問題。他們的目的是要取得並維持對我們的掌控，尤其是我們的身體，特別是性器官。在這個例子中，所謂的「罪」其實是藉由證實我們自身對自己身體的力量膽敢去違抗權威。我們似乎被人用罪惡感誘導認為體驗歡愉是一件錯事。我們被警告我們的性本能是危險的，會讓我們惹上麻煩，包括可能下地獄。成年人現在明白那些威脅的真面目。我們被人用罪惡感誘導對個人力量的體認。我們沒有被教導真正應該知道的事：如何明智地去運用我們的力量——或身體。

現在我們可以看清這些有害的教導，但同時對於將這些加諸在我們身上的人不懷抱怨恨之意。我們對自己以及那些害怕失去控制我們力量的人感到同情。而我們也不再屈服於他們之下。相對地，我們用智慧以及對自己和他人的尊重去建構我們的良知。我們給予自己另一個機會去擁有並享受個人力量。如此一來，如果我們依然被過去那些不合宜的禁令所觸發，我們會讓自己去感受冒犯的危險（某種無形的力量），但還是會那樣去做。

地獄本身將會過去，
將她充滿憂傷的豪宅留給凝視的白晝。

——約翰・米爾頓（John Milton），
《基督誕生的清晨》（On the Morning of Christ's Nativity）

## 觸發點為何令人感到不安

觸發反應和投射有關。我們在他人身上看到自己，但認為這完全是對方的事，和我們無關。當我們投射時，我們看到了鏡中的自己。我們可以用看電影的比喻來理解。我們被其中一位演員吸引或感到厭惡，但那位演員根本不存在！我們看到的只是我們自己受吸引或感到厭惡的畫面。我們在做的事跟放映師在做的事一樣，只是在投射罷了。唯一不同的是，他在這麼做的同時並沒有被他所看到的事物所觸發。

大多數的時候，一個觸發點視我們所想像或相信的事物而定。我們想像所發生的事很嚴重，具威脅性，有時甚至具有生死攸關的重要性或後果。舉例來說，如果我們的自我感到憤慨，我們可能會認為對方不尊重我們。我們的信念可能而且經常是錯覺。一個經驗可以從過去被帶到並投射在現在的某個人身上。其中一個例子就是擔心激怒他人的恐懼感。當爸爸生氣時，接下來就會挨揍。現在我們恐懼他人的憤怒，因為我們的身體恐懼當年的後果會重複發生。換言之，我們會根據過去經驗來預測結果，但預測不盡然都是正確的。（憤怒在我們現在的生活中確實也可能會導致暴力，但那只是巧合並非絕對。）

嚴重的觸發點可以被追溯到早年的創傷。由於觸發點發生在原始大腦中，對於過去某一刻的回想在現在似乎感覺完全真實。這就是它們重新對我們造成創傷的方式。當原始的痛苦事件發生時，我們無法表達我們的憤慨，因為我們無法安全地顯露我們的感受，於是我們刻意與之疏離。我們現在對一個觸發點的反應終於上演了我們原始被壓抑的恐懼或憤怒吶喊。觸發點給了我們機會在此時此刻去體驗在過去被打斷的經驗，這就是觸發點能夠幫助我們的地方。我們的精神，始終都在尋找機會能夠療癒和整合，去迎頭趕上觸發點，好讓我們原始不完整的經驗終於能夠告一段落。D.W. 威尼科特在《崩潰的恐懼》（*Fear of Breakdown*）中是這樣評估的：「原始痛苦的原始體驗無法進入過去式，除非自我能夠先將它帶進現在式的經驗中。」

對於我們任何人而言，都很難不把觸發點巨大無比的猛烈攻擊看成是有相當嚴重性或重要性的事物。這樣的猛攻從過去的事件中取得了重要地位。此外，每當我們向一個觸發點屈服，我們就等於是在加強和壯大它的重要性，以及它所引發的恐懼和憤怒程度。

在心理的層面，一個觸發點很可能會洗劫我們的安心和保障。這可能會感覺像是無處可逃的死亡威脅。當我們找不到方法去解決問題的時候——也就是說，當我們無法自我調節的時候，壓力就會倍增。我們會感到力不從心，甚至有一種世界要垮下來的感覺，認為我們要崩潰了。我們會失去對自己的信任。我們會發現自己處於一個雜亂無章的世界，混亂地依附在我們自己和他人身上。這些之所以會發生，都是因為我們被迫去正視一個我們尚未準備好要面對的創傷。我們就像是在學會游泳之前被扔進了深水池底。

丹．席格（Dan Siegel）在他對創傷療法的研究上，提出了「容納之窗」的概念。這指的是管理創傷、自我調節，以及自我慰藉的技巧，讓我們能夠以安全的方式走過一個具有威脅性的經驗。觸發點會關閉，至少是縮小，我們身心可以承受的範圍。這之所以會發生是因為我們的前額葉皮質暫時失去作用了，因此我們無法完全運用它的理智力量。它最主要的功能被略過了。相對地，一般來說，杏仁核和邊緣系統會接管。因此我們會感受到情緒的影響，但卻無法去存取所有理性思考的敏銳。當我們進入自我調整和自我管理的內在資源時，我們明智的大腦就會再次重新聚焦。然後我們對於觸發事件的反應才會是適切的。我們的容納之窗又再度開啟了。我們有足夠的空間可以去擁有一個經驗，安全地容納它，並且有把握、具體地去走一遭。縮小的窗口又變寬了。

我們對觸發點的反應是肉體反應，比任何思緒都要龐大。我們會在身體上感受到——

例如我們的呼吸、胃部、頸部、下巴等等。它會發生在我們的體內，包括心跳和大腦突觸。觸發點確實是深埋在我們體內的：「自我首先是一個肉體的自我。」西格蒙德．佛洛伊德（Sigmund Freud）在《自我與本我》（*The Ego and the Id*）中寫道。肉體觸發的反應包括刺痛感、動怒、臉紅、感到噁心、感到焦慮或恐慌，或是悲痛欲絕，更嚴重的反應則包括休克、中風、心臟病發作，而這些則需要醫療干預。

當我們已經處於苦惱狀態時，也會特別容易被觸發：也就是當我們感到暴躁易怒、過度疲倦、身體不適、煩躁、挫折，或是因為最近在他處發生的一個令人煩憂的經驗而感到不悅。我們的過度反應會導致我們做出倉促或無識別力的決定。我們可能會失去我們的鑑別力而做出衝動之舉。然後，我們可能會說出或做出之後會讓我們後悔的事。我們可能會傷害他人的感情。我們可能會傷害我們自己。

當我們睡眠不足的時候，觸發事件的影響尤其強烈。神經科學家麥修．沃克（Matthew Walker）在他二〇一七年的著作《人為什麼要睡覺》（*Why We Sleep*）寫道：「缺乏睡眠的情況下，大腦會返回一個不受控制的反應的原始模式。我們會產出不受監控、不適當的情緒反應，並且無法將事件用更廣義或考慮周密的情境去看待……我們無法控制我們粗俗的衝動——太多情緒的油門（杏仁核），但調節煞車（前額葉皮質）卻不足。」同理，過多的去甲腎上腺素會阻礙快速動眼睡眠，也就是必需的深度睡眠。在健康的睡眠狀態下，在快速動眼睡眠期間，我們的壓力賀爾蒙，也就是去甲腎上腺素，會失去活躍性。這能避免我們從壓力大的夢中驚醒過來。

觸發點另一個令人困擾之處就是：除了個人觸發點之外，還有集體的。舉例來說，我們在造訪曾經發生過恐怖惡行的歷史遺址時，可能會產生預感焦慮或對於極端不公所產生的憤怒。這種原型能量會遺留在當地多年，在沒有在內防護網的情況下，我們就在火線上。我們被觸發的反應甚至可以維持到我們離開訪地之後很久，我們帶走的是原始悲劇中依然冒著像幽靈般在追捕火花的悲痛。

有些觸發點能夠正面地在我們內心引領出一股在過去一直處於休眠狀態的能量。舉例來說，我們面臨一個某人正在受害的狀況。突然間，我們鼓起勇氣介入保護了他，那股人類英雄的能量被激起了。

當我們被觸發時，我們可以練習問這個問題：哪個部分的我準備好要被這件事所啟動？這能夠擴展我們的自尊，因為我們注意到我們豐富的內在資源。

最棒的是，正如我們所見到的，每一個觸發點都會讓我們看到我們在心理方面或精神方面需要的努力。就這個意義來說，每一個觸發點都是同時性的例子，也就是觸發點和我們發現我們需要面對、處理和解決的事物之間那個有意義的巧合——當然，全都符合適當的時機和我們自身的準備就緒。我們該如何面對、處理和解決一個麻煩或問題呢？

- 面對意指去正視所發生的事，而不去避免、否認或逃避它。我們承認我們正在做的事。我們說出我們的感受、焦慮、觸發、反應、執著、期盼。畢竟，人們常說，眼睛是靈魂之窗，而大腦則是心智的主宰，但此時你恰恰需要閉上雙眼、關掉善於分析推理的大腦才能做到。
- 處理指的是去體會並表達我們對該問題所產生的任何感受。這包括找出它們如何能夠追溯到我們的童年。我們會觀察我們的投射、移情，以及心理防衛。我們會去研究我們的創傷，至於程度則取決於我們願意去面對多少。我們會探索觸發點和反應的起源。我們會像勇敢無畏的洞穴探勘者一樣勤奮，無論多麼黑暗，任何一個角落都不放過。
- 解決一個私人問題目的是要做出改變讓事情變得更好。我們會努力避免用不適當的反應去回應觸發點，而是以有效的方式去回應所發生的事。想要解決一段感情關係中的問題，就必須去聆聽對方並且開誠布公去面對彼此的感情。我們會達成共識，而那也將導致未來能有更多互相接受的互動。我們拋開任何怨恨、報復或懷恨在心的需求。然後我們或許就會注意到自己進入一個寧靜開悟的境界。

在章節最後回顧部分，以下就是目前針對我們這個主題的概覽：

## 觸發點

以言語、手勢、經歷、行動或事件形式發生，讓我們感到不安心或沒保障的刺激。

## 影響和信念

我們會根據某個信念而經歷某種情緒影響，通常是誇大的，有時完全是誤解，認為刺激很重要、有必要、迫切需要我們去有所回應。

## 反應

我們的反應可以是一種情緒，例如悲傷、憤怒、恐懼、羞恥、懊惱。它也可能會導致一種行為，例如發怒、攻擊、報復、和解、磕頭、屈服、大哭、崩潰、逃避、對抗、僵住不動。

一個人在我們生命中的地位愈加重要，由他引起的觸發點所造成的影響就越強烈，我們的反應也會持續得越久。讓他人在我們生命中扮演重要角色是很正常的，尤其是那些和我們親近的人。但有時我們會讓某人過於介入，我們會過度重視他們的意見，我們會瓦解我們與他們之間的適當界線。然後我們就會因為他們的所言所為過度被觸發而變得脆弱。身為人類，面對與其他人類的挑戰，就是在關心與界限之間找到平衡。

## 資源

我們可以藉由主掌我們內在與外在的資源來幫助我們更有效地去處理我們被觸發後的反應。以下的章節將著重於如何穩固地去建立起這些資源。

# 第二章
# 創傷與資源

我們是烏龜，不是鳥。無論到哪裡，我們都會帶著兒時的家。我們無法飛走遠離它。

現在我們可以更深入地去探討本書先前所提到的幾個點。我們會以創傷的情境來探討。

當一個觸發點將我們帶回早年的某個痛苦經歷時，我們會完全被這個情境所席捲。一些較具衝擊力的觸發點可能是發生在過去，或在我們成年後所發生的虐待事件或創傷所植入，而今則深埋在我們的體細胞記憶中。這種創傷後壓力是很難將它拔除的，因為觸發點重新刺激的是原始的痛苦。好消息是，我們的痛是來自對我們有助益的手術刀，而非搶匪的彈簧刀。這是在提醒我們，催促我們著手開始進行療癒的工作。

## 童年的傷口與神經科學

「創傷」在希臘文的意思是傷口。創傷是一種令人震驚並會帶來傷害的事件。它會引發嚴重的危難，但我們卻無力去避免。我們會變得動彈不得，或是會以一種突如其來的感覺或沒有設想周全的選擇去做出反應。創傷和我們的反應之間的關係其實大於它和引發事件之間的關係。反應是我們表達自己的失控感、無助感、無力感：「面對這狀況我什麼都做不了。我被困住了。無處可逃，沒有出口。」

在原始的創傷經驗中，我們或許讓自己與所發生的事件做出解離。這使得我們較難去找回記憶。這也解釋了為什麼創傷要花這麼多時間才能吸收化解。我們可能得花上好幾年的時間才能看清原始的創傷為何，然後花更多時間去感受我們一直在壓抑的感覺，又花更多時間去解決那些尚未解決的問題。除非我們的內在時鐘告訴我們說我們已經準備好要去處理我們的傷痛，否則所有這些都不可能發生，而這種準備就緒可能會花上好幾年才會出現。因此，創傷療法也包括「滴定」，也就是一點一滴地讓影響慢慢出現。正如莎士比亞的《奧賽羅》劇中伊阿苟（Iago）這個角色所問的：「哪個創傷不是漸漸治好的？」

然而，一個創傷，才不會理會我們的時機掌握，而是突如其來地將我們推向我們的創傷當中，讓我們措手不及。這就是為什麼它會重新對我們造成傷害的原因。觸發點就像個笨手笨腳的人，將我們小心翼翼——而且經常是出於必要——所建立起來的迴避或滴定機制一筆勾銷。現在我們明白為什麼會出現這種逆行的反應，為什麼我們會產生這種童年時期的無力感。一個被觸發的創傷正是一個例證，顯示我們目前所累積的資源根本不足以應付發生在我們身上的事。想要獲得療癒，創傷帶給我們的能量或記憶必須感覺像斑比一樣溫柔，而非像哥斯拉踐踏在我們身上。

由於創傷是記錄在身體層面的，我們的身體比我們的心靈更加了解當我們被觸發時所發生的事。舉例來說，我們在被攻擊之後的反應可能是麻木。事後我們又覺得自己很懦弱。事實上，我們的反應是一種因提示所產生的適應措施，而那樣的提示大腦可能不易察覺，但我們的身體卻很容易就可以理解。身體的反應優先於大腦的運籌帷幄。它對事件的解讀可能不是那麼正確，因為它之所以將觸發點評估為危險，完全是根據記憶，而非最新資訊。但我們依然無需怪罪自己。我們明白身體的唯一目的只是為了想讓我們生存下去。下一回我們被觸發時，我們可以找到一個方法，在尊重我們自動反應的同時，也依然能夠表明立場。

因此，觸發點，根據創傷或任何令人苦惱的經驗，會讓我們知道過去是在什麼時候入侵到我們的現在。我們可以藉由積極處理觸發點因而正面去探究那個隱藏的世界，包括我們是誰、我們是如何成為自己現在這個樣子、如何療癒我們自己，以及如何不受過去的阻擋進入現在。然後觸發反應會將我們的傷口轉變為入口。我們會感激我們能夠從我們的困境中學習，甚至透過原本傷害我們的事件中找到慰藉。正如《詩篇》第二十三章中所說的：「祢的杖，祢的竿，都能安慰我。」

近似於此，我們也想起另一個名詞：「創傷後成長」。這是北卡羅萊納大學的心理學家理查．泰代斯基（Richard Tedeschi）和勞倫斯．考胡爾（Lawrence Calhoun）於二〇一三年的著作《創傷後成長的臨床實踐》（*Post-Traumatic Growth in Clinical Practice*）中所提出的概念。我們可以專注在我們的韌性，而非只是我們的創傷——從我們從經驗中所獲得的能力，並且因而演化至超越我們原本所處的痛苦當中。創傷後的痛苦並不需要打倒我們；它可以喚醒我們的內在資源。一位明智的心理諮詢師的引導或許會有幫助。

## 用健康的方式銜接過去與現在

### 首先，正視並接受來自童年的影響

當童年問題產生時，一個感覺似乎像是人際溝通的觸發點，事實上很可能是個回憶。

人際溝通：「你批評我的時候觸發了我。」

回憶：「我被批評觸發產生一種對我自己的不足感到羞恥的感覺。這個反應告訴我，我必須在這方面努力，因為這讓我回想起媽媽在童年時對待我的方式。」然後我們可能會對我們自己或向對方說：「等一下！你只是我從小和女性的人際溝通當中一連串未解決的批評經驗裡最新版本的一個經驗罷了。謝謝你讓我看到我需要去重新面對並整合的地方。我很感激能有這樣的機會。請你切勿吝於對我做出嚴正的指教。這些批評幫助我減輕了它們對我的影響。如此一來我們才能找出更有效的溝通方式。我不想對你的意見感到不以為意或漠視它們。最終，我的目的是希望能夠變得更在乎，同時不要那麼容易被觸發。這表示我該努力的地方不只是童年的部分；還有培養親密感。」

當我們被觸發時，我們無法達成共識。我們可能會想，被觸發是否是我們擔心受怕的自我保護我們不受親密傷害的狡猾方式？這一點我們會在稍後的章節中進一步探討。

## 練習一、運用五A

第一種方法，或實踐，就是探討「五A」，也就是我們最早的需求：關注（Attention）、接納（Acceptance）、明白（Appreciation）、感情（Affection），以及允許

（Aiiowing）。我們必須探討這些需求在我們的童年是否得到實現。我們可以用寫札記的方式，針對下方列舉的五A中每一點要素加以詳盡回應，並且至少舉出一個例子，去分辨父母雙方哪一位實現了需求，如果只有其中一位的話。請記住，沒有人會給父母打滿分的。

下列概述的五A是理想護持環境中的要素，也就是安全型依附的特質。這些描述很可能並非我們一般的童年經歷。幸虧，身為孩子，父母的育兒方式只要「夠好」，就足以讓我們體驗到安心與保障，並且滿足我們的需求。我們不需要完美，也不可能達到完美。

當早年生活中存在重大缺陷時，我們會發現悲傷和自我教育對我們個人努力的重要性。包括我們必須放下對父母不足之處的指責或怨恨。

如果你是為人父母，你可以考慮用下方的列表來檢視你自己的育兒方式。如果你的孩子已經到了可以理解的年齡，就和他們分享這種做法。請他們誠實地告訴你他們對你育兒方式的看法，並就此展開對話。

最後，五A還描述了我們需要從成年伴侶那裡得到什麼。因此，你可以將以下幾點運用在你感情關係需求和渴望當中：你之於你的伴侶，你的伴侶之於你。再次強調，「夠好」其實就足以滿足我們這些健康的成年人，不需要完美。在第七章的「真正的伴侶」章節中，將會有更多關於這個主題的探討。

以下是我們的父母在童年時滿足我們五A的一些方法。每一項的描述都是一種所能想到的理想狀態。

**1、關注**

- 你覺得你的父母，或者至少其中一位，對你特別關注。
- 你覺得他們有用心關注你，對你沒有任何評判或指責。
- 他們不是看著你的外表，而是看著你的內心，去了解你的感受和需求。
- 他們會問你有什麼感覺和需要，但不會試圖去說服你應該要怎麼樣。
- 他們會以鏡像的方式適應你的感受和需求。
- 他們會向你詢問你對他們和家庭事件的反應。
- 你知道他們會聽你傾訴，他們真的對你的故事和情感很感興趣，並且你總是會得到你想要的回應。
- 他們喜歡去了解你。

**2、接受**

- 你知道無論你是什麼樣子，或者將來會是什麼樣子，他們都是可以接受的。
- 你知道他們不想把你變成他們要的樣子，而是好奇你自己以後會變成什麼樣子。

- 他們讓你知道他們完全可以接受你的興趣。
- 他們接受了你的感受、需求和生活方式。
- 他們接受了你的性傾向和性別取向，沒有譴責或暗示你不是你原來的樣子。
- 你所有的感覺他們都接受，而非認為有些是錯誤的——例如：「男孩子不能哭。」
- 你沒有受到羞辱。
- 你不必試圖融入這個家庭；你總是知道自己歸屬於這裡——不管你有多麼不同。

**3、明白**

- 你被父母看重是因為你自身，而非你的成就。
- 你不覺得你是一個負擔或是「另一張要養活的嘴」。
- 你父母沒有偏心。
- 他們了解你在他們生命中以及整個家庭中獨一無二的重要地位。
- 他們認可你的天賦，讚賞你的天賦，並且盡他們所能去培養你的天賦。
- 當／就算他人反對你時，你的父母總會支持你。
- 他們懂你的歡樂和淚水，並且以同樣溫暖的懷抱給予支持。
- 你知道你可以永遠信任他們。

## 4、感情

- 你的父母會擁抱你、摟著你和親吻你。
- 他們用肢體方式表達了他們的愛，但並不是那種不恰當的方式。
- 你經常聽到他們告訴你說他們愛你。
- 沒有人會因為眼神接觸或觸碰而感到尷尬。
- 你覺得你的經歷是在不斷擴展的善意之中孕育出來的。
- 你毫無疑問地知道你父母對你的關愛永遠不會結束。
- 他們歡迎你用你自己的方式所表達的愛意。
- 他們表達愛的方式隨著你的年齡而演變，但真誠的溫柔卻從未減少。
- 你知道他們甚至在你出生之前就想擁有你，而且他們永遠都會想擁有你。
- 你覺得自己是無可取代的。

## 5、允許

- 你的父母盡力去了解你內心最深處的需求、價值觀和願望。
- 他們並沒有堅持認為這些需求、價值觀和願望必須反映他們自己的。
- 他們沒有試圖控制你，但他們確實設定了合理的限制來引導你。

- 你可以自由去探索周遭的世界，而不是被阻礙或被迫照顧他們。
- 他們喜歡讓你去找到新的思考和想像方式，即使你的方式和他們的不一樣。
- 無論你的生活方式是邊緣的還是主流的，都獲得了認可。
- 你可以相信你的父母會在你的個人旅程中鼓勵你和支持你。
- 他們提供了一個安全的家供你居住或當作歸宿，但當你準備好的時候，他們也會鼓勵你走出去。
- 你知道他們會以任何他們能力所及的方式幫助你實現你的人生目標，讓你找到你在這個世界上獨一無二的道路。
- 他們可以放你走。

所以，我們現在能以同樣的方式去愛別人——以及我自己——了嗎？

每當想起父母對我們所展現的五A，無論是一項還是多項，我們可以練習在內心說，「我很感激你對我的愛。願我能夠對我自己、你和其他人展現同樣的愛。」在這句話中，我們表達了對父母的感激之情，並且將其延伸為一份對自己和他人的正念實踐。無論我們從任何人那裡得到什麼樣的愛，都能鼓勵我們將它給予每一個人。

我是多麼感激我母親的活潑的榜樣，感激她給我強烈的歸屬感，感激她堅信，有了良好的根基，你就能活出充實人生，不管人生帶給你什麼。

——瑪麗安・隆鮑爾・貝克（Marion Rombauer Becker），《廚藝之樂》（The Joy of Cooking）

## 練習二、追根究柢

第二個練習是問自己以下十二個問題，思考它們，並在你的札記中寫下你的回答。詳細探索它們將能幫助你意識到，你童年的一些教養如何依然在影響你成年後的人際和感情關係。這就像是在問，這個世界上有多少的你是真實的你：

- 在我自己的生活中，哪些未解決的問題是我想像中在一段感情關係中可能獲得解決的？
- 關於我原生家庭的故事如何影響現在我對自己是誰的感覺？
- 我和父母的經歷如何影響我和別人在一起的方式？
- 家人的哪些態度一直留在我心裡，現在影響了我接受他人的能力？
- 在我的童年，這些感覺是如何表達的：悲傷、憤怒、恐懼或歡樂？

- 我對別人的悲傷、憤怒、恐懼或歡樂，感到多麼自在或不自在？
- 我對自己的悲傷、憤怒、恐懼或歡樂，感到多麼自在或不自在？
- 我在陳述和維護個人界限方面有多熟練？
- 我的家庭偏見如何阻礙我接受那些在政治或宗教方面與我不同的人？
- 什麼行為會導致我變得如此武斷，以至於我很難對另一個人的困境感到或表現出同情？
- 我在自我養育或養育自己的孩子方面變得有多熟練？
- 我身上有多少和哪些地方反映了我自己最深刻的需求、價值觀和願望？

回答完這些問題後，我還會問自己，在人生的晚年，是什麼讓我對自己感到快樂。而我的回答是：「我很高興我有機會成為現在的我。」

## 有多少的我是真正的我？

一個人希望被另一個人證實他的存在。……他偷偷害羞地等待一個「是」，這個「是」允許他存在，而且只能從一個人傳遞到另一個人身上。自我存在的天糧就是這樣從一個人身上傳遞到另一個人身上的。

——馬丁．布柏（Martin Buber），《距離與關係》（Distance and Relation）

觸發點會指向未解決的衝突。而內在資源幫助我們控制衝突並將它們治癒。觸發點和資源與童年問題有什麼關係？答案是童年的經歷，將帶領我們走向健康的成年：我們的感覺和個人特質會得到尊重、反映和協調。我們的父母是令人欽佩的，而我們也會將他們的偉大理想化。我們與之融合，好讓我們也能感到強大。隨著我們接管父母越來越多的功能，從繫鞋帶到在困境中安慰自己，我們經由成長成為父母的同儕。所有這一切讓我們從依賴走向相互依賴，從自以為是到擁有健康的自尊，從不信任自己的感覺和直覺到越來越相信自己。

我們的內在資源不是憑空獲得的。他們從愛我們的手和心來到我們身邊。當我們完全做好自己時，我們就會最深刻地觸及自己的內在資源。由於我們都有父母和過去，所以我們自然而然地會帶著他們灌輸給我們的特質和態度——有些是資產，有些是負債。沒有人只是一個獨立個體身份，沒有人不受過去影響過他的人格。「當我這樣批判別人時是不是在冒充我媽？當我這樣反應時是不是在冒充我爸？」我們如此想。

當父母和他人對我們的影響不再抑制我們的選擇、削弱我們的自尊、支配我們的成人人際關係、侵犯我們內心的平靜，以及設計我們的行為時，我們就擺脫了他們的影響。當擺脫了父母或其他人的任何拖累時，我們就被釋放成為我們自己，我們最佳的資源。在這種自由自在中，我們就較不容易被過去所觸發。當我們一個接一個地失去了教會、機構和父母提供的所有強大堡壘時，那是何其幸運的事，因為現在我們可以成為自己內心真實世界的探索者。

同理，當我們與父親或母親之間長久以來的問題不再是我們必須與他或她一起解決的事情時，我們就知道自己已經完全成年了。有時，家庭治療是必要的。我們希望在那種情況下，為人父母的能聽到我們的聲音，並為童年給我們帶來的任何痛苦致歉。但是無論是否有這種有益的經歷，隨著時間的推移，我們對父母如何對待我們的怨恨成了我們唯一的問題，這不再是一項需要他或她參與或懺悔的交易。這是個人問題，必須經由我們內在去探討。當我們不再責怪媽媽或等待爸爸說出「讓一切變得更好」那種有神奇魔力的話語時，我們就是成年人了。我們自己站在資源洞穴裡，我們是唯一一個從現在開始，能夠利用這些資源讓自己變得富有的阿里巴巴。

也許在某個寧靜的日子裡，我們會想起我們的父母：「現在你說的、做的、將要說的、將要做的一切都不會帶走我內心的平靜，也不會降低我的自尊。」

在一九四二年的電影喜劇《風流女妖》（*I Married a Witch*）中，珍妮佛是個女巫，她酗酒的父親是個術士。他不喜歡她選擇的丈夫，並不斷責備她。他想顛覆和結束他們的婚姻。珍妮佛把她父親騙進一個酒瓶中，然後她塞住瓶子，這樣他就不能再干涉她或她的感情關係。珍妮佛把瓶子放在她婚後住所客廳的壁爐平臺上，因此，她的父親依然在她家中，只是不能再對她或她的感情關係造成傷害。這是在比喻我們和父母的關係。不管是好是壞，我們與他們的連結從來都是緊密相連的。但是當我們不再受他們的影響或被他們的意見所困擾時，我們就可以在自己的家中擁有自己的感情關係。他們依然存在，但它是安全的被封在一個瓶子裡；它不會消失，但也不會造成傷害。

在此同時，身為成年人，我們可以看出我們目前的問題不能歸咎於我們父母的行為，除非是嚴重的創傷依然在某種程度上削弱我們。我們對自己和他人的反應並不是基於我們的父母是什麼樣的。我們的觸發反應來自於我們在父母家中所發生的事情，而我們依然無法放下這些事情。因此，擺脫童年影響的一個方法是將母親對我們的看法以及我們的過去和現在的現實分開。這是我們在兒童問題治療方面所努力的一部分。我們可能會探討這樣的問題：「做我自己安全嗎？」、「他們愛的是我本身，還是他們要求我成為的那個自己？」、「我爸媽是在監督我還是在摟著我？」、「我的父母認可我的成就還是認可我做我自己？」、「我現在是像父母那樣看待自己，還是真正的自己？」

我們可以把前世比喻成是一座學校。以下是一些童年課程內容：

- 你是誰？
- 感情關係是如何運作的。
- 金錢。
- 性。
- 食物。

老師們有這樣的權威，並且經常訓練我們，以至於課程資訊烙印在我們身體的每個細胞中。這五個「課程」中沒有一個可以完全更新或解決。但是我們可以探索，逐漸打破大部分的舊有聯繫。打個比方：九九乘法表深深地埋在我們的腦海中，所以現在不可能在聽到「六乘六是幾？」的時候不去想「三十六」。同理，我們從父母那裡繼承來而的「態度」決定了我們如何看待自己、我們的感情關係、金錢、性和食物。學校教育中的三個R（譯註：閱讀、寫作和算數）所傳授的資訊和來自非官方「在家自學」對五個科目的態度都是根深蒂固的。我們不能也不想改變學校教育的資訊，但是我們可以逐漸改變土生土長的態度。這是一個緩慢的過程，因為態度是自動的，大多不存在於我們的意識中。但這是可以做到的，無論過程是多麼單調與笨拙。治療和心理勵志方面的自助技巧就是我們的資源。

我們大多數人都不習慣真正的自由，無論是童年或者甚至是現在。身處於一個被愛的家庭中，我們被允許並鼓勵自由地去做自己。但這種允許的愛是有條件同時也是無條件的。我們慈愛的父母為我們設限——條件——讓我們學會了界限。他們無條件地愛我們，讓我們知道我們值得愛。他們不斷地對過去的我們說「是」，讓我們擁有了自尊。他們偶爾對我們想做的事說「不」，則培養了個人紀律。

我們也意識到我們在家庭生活中所扮演的角色：我們可能會發現自己扮演著照顧者、受害者或救援者。當我們有了既定的角色，我們實際上會獲得一種力量感。我們現在對家庭很重要；我們的地位已經得到鞏固。我們注意到，我們的存在並沒有使我們對其他家庭成員有價值，對角色的忠誠才是我們變得重要的方式：「當我做我自己時，我無法被愛，但是當我扮演他們希望我扮演的角色時，我就會感到被愛。」最終我們可能會意識到扮演角色和追求重要性都只是為了被愛。而兩者都只是真實力量的仿冒者罷了。

說句玩笑話，例如我們可能會聽到自己說，我們的父母在我們身上植入了一種信念，讓我們覺得自己不配。因此，我們常在某些時刻會對自己說，我們確實不配。但是，到了想用宵夜犒賞自己的時候，我們卻能輕而易舉地說服自己說我們「完全值得享有！」或許這種矛盾現在可以讓我們聳聳肩、笑一笑了——而這也是滿足感的兩個基本要素。

第三章

# 應對觸發點吧！

在兩三百萬年前，我們的祖先學會了製造和使用工具。從那以後，每一代人都發明了越來越複雜的器物。如今，我們擁有一系列複雜的工具來滿足居家或車輛方面的需求。我們也會愛惜我們的工具，將它們儲藏起來以備不時之需，並在必要時添購新的收藏品。我們有些人只會擁有少量的收藏；有些人則會擁有全套器具，幾乎可以應付任何可能出現的五金挑戰。當普通工具無法完成工作或不存在時，我們也能在緊要關頭製造出工具。此外我們也可能擁有一些不知道該如何充分利用的工具。所有這些工具都是我們內在資源的隱喻，也就是一個人類工具箱。因此，我們每個人都儲藏了有用的內在工具和策略，以因應來自人、事件和情勢的挑戰。我們可能有一組最基本或最先進的收藏。面對未能充分解決的危機，我們有時不得不發明自己的工具。我們會愛惜我們的工具箱，透過練習和實踐來提升我們的知識和技能水準，就像我們在本書中學到的一樣。而有一些內在資源是我們尚未充分利用的。

我們可以學習如何製造、使用、升級、愛惜並儲藏可以使用一輩子的工具。沒有工具，我們就只能任由許多觸發點擺佈。有了現成的工具，我們就可以優雅而有效地面對所發生的事情。我們可以相信大家都有工具和內在資源。舉例來說，我們注意到我們有能力處理壞消息。我們之所以知道這一點是因為我們每天都聽到或讀到壞消息，但我們依然能夠繼續過日子。

「我自己工具箱裡的榔頭是我爺爺的。」這也涉及了工具隱喻。我們的一些內在資源是由我們的祖先傳給我們的。有些家庭擁有世代相傳的品質——例如，膽敢大聲抗議不公。對全體人類進行聲援就是一種很棒的精神財富的表現。換言之，我們自己感受到了被壓迫群體所感受到的不公之痛。順便一提，這是一個以健康方式被觸發的例子。

我們知道我們擁有與生俱來的資源。我們在還不會說話的時候就已經能夠用哭泣的方式道出我們的需求，沒有地圖的指引我們也能找到讓我們存活下來的乳房。請用以下這個簡單的方式來提醒我們自己，我們從生命一開始就擁有資源：閉上眼睛，想像一下自己像嬰兒一樣被抱著在房間裡走來走去，想像自己在房間內爬行，然後想像自己試著行走穿越房間、跌倒、再爬起來，最後成功地學會行走。用你曾經擁有的知識睜開你的雙眼，即使你偶爾會跌倒，你依然擁有內在的資源在人生的旅途中前進。

當我們注意到自己能夠啟動內心資源時，我們就會越來越相信自己。當我們注意到我們的內在資源能夠幫助我們滿意地處理我們的經歷時，我們就會獲得自尊。只要我們避免對生活中的事件做出回應，我們就無法取得我們的先天資源。唯有當我們完全進入我們的經驗中，並接受它為我們提供如何努力去完成它的線索時，我們才能取得這些資源。而且總會有線索的。舉例來說，喪失會引發悲傷，不公會引發憤怒，威脅會引發謹慎。

除了先天資源，我們還有後天資源。這些是透過反覆試驗、經驗和其他人所塑造出來的模式產生的。它們可以是心理和精神上的：

我們的心理——個人——資源是因應技能，是一種處理生活經歷而不被它們動搖的能力。這些是調節我們自己和管理我們感情的適應性方法，是我們必須不斷補充的生活技能。其中包括正直、自我肯定、溝通、訣竅、形成健康的自我、韌性、處理自己或他人的感受，以及各種人際關係的技巧。

我們也有精神資源——例如博愛、放下自我、服務意識、同情心，以及核心價值觀寶庫等賴以生存的能力。和我們所有的先天資源一樣，我們也有責任將它們轉化為實踐。

特別要提一點令人驚訝但又能鼓舞人心的領悟：「心理」和「精神」是不同的，但不是對立的。它們是同一個整體現實息息相關的兩面。舉例來說，正直和博愛能為我們的利益相輔相成，儘管前者屬於心理學，後者屬於精神學。同理，心理洞察力可以導致精神實踐。例如，觸發我們痛苦的事情可以讓我們以同樣方式去引發對他人的同情。

## 回應觸發點的簡便工具

有些特定的工具，包括心理和精神上的，能幫助我們對觸發點做出回應，而非反應：

- 命名是處理任何觸發點的主要方式。把我們熟悉的、經常重複發生的觸發點列在一份清單中，讓我們去尋找它們，制定一個處理它們的計畫：「這是我的觸發點之一，所以讓我小心不要反應過度，而是這樣處理它……」。我們正在赤手空拳地握住扳機，並準備好在不被它摧毀的情況下處理它。我們現在可以立即區分實際發生的事和對我們個人產生影響的事。此外，我們計畫處理特定觸發點的練習可以是介於刺激和反應之間的。我們做出有意識的回應，而非反射性的行動。這種對強迫的遠離是我們通往自由的門路。查出侏儒妖怪（譯註：Rumpelstiltskin，童話故事中的角色）的名字就是為了擺脫他的威脅。當我們在通往自由的道路上前進時，記錄觸發點和我們（希望是不斷變化的）反應是很有用的。
- 我們在札記中記錄我們的觸發點以及我們對每一個事件的通常反應。我們把每一個記錄下來的觸發事件都當作生活的一部分，是任何人都可能發生的事情：「我可以預期這可能會發生……」。在每個記錄下來的反應之後，我們寫道：「我有很多選擇可以做出回應。」現在我們可以看到，我們不必陷入習慣性反應。這是從強迫到自由的轉變。順便一提，這也是我們從恐懼中自我解放的過渡方式。

- 我們可以意識到我們對一個觸發點可能產生的兩種反應。首先是逃跑；另一種則是以理解或控制的方式去面對。我們記得這些也是佛教中被稱為導致痛苦的反應：我們逃跑是因為我們被恐懼所控制，或者，我們執著是因為我們陷入了渴望。然而隨著我們成為越來越熟練的洞穴探勘者，兩者都可以照亮通往黑暗古老洞穴的道路。
- 找到一個觸發點的來源——例如，一個特定的事件、創傷或移情——是我們從中解脫的核心。根據我自身的經驗，我注意到當我準確定位觸發點的來源時，我有時就能把它的衝擊力降低百分之七十之多！事實上，現在我偶爾還會發現以前觸發我的事物其實很有意思。
- 努力去應對原始觸發點，對於結束它對我們的控制有很大的幫助。我們透過參與解決問題的努力來掌控自己的觸發點，而這種努力通常是終其一生的。就像「關於他人的一切」會讓我們停留在分異當中並且依然感到陌生；我們認為屬於自己的東西，才能夠獲得療癒並且放下。
- 觸發點會產生過度激發狀態。皮質醇和腎上腺素在我們體內流動，對我們的大腦產生負面影響。在那種壓力和不穩定的狀態下，我們唯有和熟悉的人事物在一起才會感到安全；我們會害怕去嘗試新事物；所以我們在雙方面都是輸家。正如我們先前看到的，當我們被強烈觸發時，感到脆弱、雜亂無章和迷失方向都是正常的。的確，我們似乎無法獲得我們的內在資源——我們無法自我調節，我們認為自己有缺陷，我們沒有目標。儘管如此，我們依然能夠去找到內在資源，我們可以運用放鬆技巧——例如：進行一系列的深呼吸。

- 當我們被內心的批判所觸發時，我們不要以相反的觀點來回覆。這種反應會把我們綁在一張來回穿梭的網上，用一個比我們更訓練有素的聲音來貶低我們。相對地，我們應該將內心對我們的批評當作一個召喚，一個提醒我們進行精神實踐的鈴聲，就像慈心。舉例來說，這個聲音告訴我們，我們將「一如既往地失敗」。這時，我們既不爭論也不同意。我們要直接道出我們的誓詞：「我相信自己會盡我所能去處理好發生的事。」如此，自我批評的聲音就成了一種幫助我們進化的巧妙手段。
- 我們可以相信一個內在的健康聲音在為我們倡言，而非對我們吹毛求疵。我們不僅聽到理智和理性的聲音，也聽到建立自尊的鼓勵聲音。我們可以像和藹的阿姨或叔叔那樣和我們自己對話。我們能區分正在發生的事和我們感覺或相信的事。我們會安慰自己，表示理解，而非責備自己被觸發事件所顯示的反應所削弱。

- 我們應該用自我擁護的聲音去蓋過那些強迫性的想法，尤其是那種會觸發恐懼的想法。當我們聽到自己說，「最糟糕的事情將會發生」時，我們應該去打斷——蓋過它——然後說：「無論發生什麼事，我都有能力處理。」
- 我們的自我擁護包括對自己展現五A：我們「關注」自己的感受。我們完全無畏地「接受」它。我們「明白」它教導給我們人生課題的這份特質。無論我們是如何被觸發的，或者我們是如何反應的，我們都會對自己充滿慈愛的「同情」。我們「允許」自己在旅程中邁出下一步，而非被觸發點所阻礙。
- 在正念中，我們關注所發生的事或我們思考、感受的事，而非因它而感到無法招架。在有正念的時刻，我們不用去認同自己的反應。我們是他人、事件和自己的見證人。我們的正念延伸到觸發點和我們的反應上。當我們不帶審查、判斷、恐懼、反應、依戀或排斥的態度去關注此時此刻的時候，這就是正念的表現。正念能幫助我們找到觸發點和反應之間的停頓。在這種正念的態度下，我們也不太可能做出過度的反應。
- 觸發點會引發誇張或不恰當的情緒反應。我們的情緒就像肌肉。透過適當的使用，它們會以健康的方式發展。例如，當我們在人生中大多數的時候隱藏了憤怒，它就會變得遲鈍。這就是為什麼當我們被觸發時，反應會顯得笨拙和誇張的原因之一。當我們練習去了解和顯示我們的情緒時，我們就不太可能對觸發它們的因素做出不恰當的反應。

• 當我們被觸發時，我們會失去客觀性，因而可能感到喘不過氣來。因此，我們很難輕易武斷地說出「正確的話」。當我們能夠喘口氣的時候，就可以大幅降低我們的反應。我們讓自我冷靜下來。唯有當我們把持住自我的時候，我們才能對他人做出回應，對他們影響我們的行為做出客觀的陳述。我們的主張也將更加理性。我們將獲得自我鎮定、耐心的內在資源，下次我們就不會如此強烈地被觸發。哈姆雷特的母親是這樣建議他的：噢，溫柔的兒子，在你瘋狂的熱焰上澆灑清涼的耐心吧。

• 當有人透過羞辱、侮辱或傷害來觸發我們時，我們可以使用以下技巧（儘管很難記住要這樣做！）：我們只需非常緩慢地向他大聲重述觸發我們的確切字眼。我們閉上眼睛，用沉思的語氣去做這件事。然後我們建立眼神交流，保持沉默地直視對方，彷彿像是在等待他的回應。這個方式教我們如何創造暫停，以便防止我們如此容易被擊倒或感到受害。用合氣道的方式，我們將能量引導回它的源頭。這也是一種用溫和的方式去逼對方面對自己話語的技巧，如此一來他就能感覺到它們帶給我們什麼樣的感受。

• 家庭成員是最容易觸發我們的人。他們知道我們的每一個按鈕，以及如何和何時按下它們。他們把手指放在核反應爐上，也難怪當我們和家人在一起時，我們會受到如此強烈的影響。保持警惕，抵擋的同時隨時保持著愛意，就是我們的實踐方式。活在當下，但一旦對方開火就撤離現場，就是我們如何保護我們邊界的方式。實際上，我們是在舉手示意說「不！」，就像交通警察一樣。員警的目的和我們的是一樣的：不是審判或責難，而是保護大家的安全。

- 當我們認為我們是唯一擁有觸發點的人，它們就會隨著這種信念茁壯成長。當我們意識到我們信任和崇拜的人也和我們擁有相同的觸發點時，它們就會失去絕大部分的力量。即使是開悟的人和聖人也會被觸發。與一個值得信賴的朋友分享我們的觸發點可以導致對方與我們產生共鳴。這對降低觸發點的衝擊力大有幫助。我們所有人有時都會感到孤獨，但我們可以相信，在我們這個如此緊密交織的世界裡，沒有人是孤獨的。
- 正如我們上面所看到的，類似的觸發點發生在我們所有人身上，就等於承認它們是人生中必然會發生的事。因此，我們去接受我們不能改變的事情的這種做法——例如，人們會說出或做出那些會激發我們情緒的事——就是一種面對觸發點的方式。我們不允許虐待，但必須泰然處之地知道觸發體驗會發生。我們對這種事實的肯定態度會大幅降低觸發點對我們的影響。
- 我們在自己對觸發點的反應中去尋找幽默。
- 當事情衝著我們來時，是人們自己把它想成是對人不對事的。健康的做法是對於別人傷害或冒犯我們這點感到悲傷。磨練自己去對抗脆弱並沒有幫助，因為那只是一種避免適當悲傷的方式。

- 讓接受過創傷治療技術訓練的人為你進行治療，包括身體治療和眼動減敏與歷程更新療法（EMDR），也是有效而且經常是必要的。

想要記住我們有以上這些工具源或許很難。這是因為當一個觸發點攻擊我們時，它們存在於我們大腦中一個離線的部位。我們需要一個每天都可以看見的提醒——例如，冰箱上的一張紙條，上面寫著：「當你被觸發時，你是擁有資源的。」然後我們可以說出從本書中學到的一個資源。當我們意識到我們的主要觸發點時，這個建議會特別有效。然後，當它們發生時，我們就更有可能去使用那些能幫助我們處理觸發點的方式。正如上方所看到的，觸發點可以從狂跳亂撞變成反應，進而變成信任的橋樑，再變成療癒。

## 陰影、自我、早年生活：什麼才是真實情況？

有些觸發點會針對我們內心的三個特定區域（可能是一個或多個）：我們的陰影面、我們膨脹的自我，以及我們未完成的過去。這些區域可能是引發反應的源頭。除了前述的工具之外，它們每一個都有其特定的練習方式來幫助我們處理相關的觸發反應。在本章節中，我們將探討這三個源頭，並找出處理它們的資源。

讓我們先來看看這三者各自的含義：

## 一、陰影

負面的「陰影」是一個榮格術語，指的是我們人格中被壓抑、否認或否定的不受歡迎的特徵、欲望、衝動和態度。我們不想承認我們有所謂的「黑暗面」。它依然是沒有意識的。但當我們在別人身上看到它時，我們會做出批評或憤怒的反應。事實上，我們是把另一個人當成鏡子，強迫自己看到我們不想在自己身上看到的東西。遺憾的是，這種投射相當於無法整合我們的陰影面，因為如此一來它會看起來很陌生，完全在我們之外。當我們對某人如何觸發我們的反應產生這樣一種投射時，我們看到的是自己內心的陰影問題。舉例來說，我們看不見自己在感情關係中控制欲強的一面。當別人公開表現出控制欲時，我們就會被觸發並有所反應。但我們無法意識到我們正看著和自己一樣的控制欲畫面。無論是某人的觸發還是我們的反應都顯示了我們尚未承認和融入自己。

## 二、自我

我們的自我可能是健康的，有時也可能是失調的。當我們變得傲慢或自認為凌駕於他人之上時，這種現象就稱之為膨脹。我們可能趾高氣揚，認為我們「大到不能倒」。因此，當有人挫我們銳氣時，就會在我們身上引發一種憤慨的反應。在那種反應背後其實是擔心被發現自己不如我們說的那樣，或者不如我們想要相信的那樣。我們會驚慌失措，因為我們似乎正在失去美譽和表彰的特權，失去我們身為大人物的地位。我們義憤填膺的反應顯示我們自己尚須努力。這份努力是建立一個健康的自我，放下自我膨脹。當我們逃離自我重要性的束縛時，我們就能感受到我們與所有生命體的連結逐漸產生——而這也是一種精神上的勝利。

## 三、早年生活

我們童年的家不應該是一個艱苦的地方。正如我們之前所看到的，早年發生的痛苦或虐待事件會觸發我們。任何有關我們與最初照顧者互動中未解決問題的觸發點都會讓我們感到特別受傷。有人說出或做出一些類似我們父母當初說過或做過的事。我們在反應的不僅是當前發生的事，也是與父母當初的交易。我們現在正在把過去發生在身上的感覺、需求、態度和期望移情到別的人們身上。因此，我們在眼前的人身上看到了父母的面孔。我們的反應彷彿就像很久以前觸發我們的父母現在又在觸發我們。

總結我們在這個章節中如何使用這三個術語，我們可以這樣說：負面陰影是指我們甚至會對自己隱藏的特徵和傾向，儘管它們會不時出現。膨脹的自我主要是指我們在與他人交往中傲慢、自大、苛求和特權的態度。早年生活問題由童年的記憶和經歷所組成，無論是回憶還是無意識的。我們會把屬於父母的期望、需求和態度移情到他人身上。

在這三種情況下，我們都必須記住，觸發點會從我們心中的信念中獲得動力。當陰影潛伏時，我們相信只有對方是這樣的，而不是我。當我們的自我被激發出一種好鬥的、短小精幹的反應時，我們可能會相信：「他認為我很愚蠢，可以欺騙我，但我會讓他好看！」回想起童年發生在我們身上的事則會支持以下這種信念，也就是如果我們不屈服的話，這種和我們父母相似的傢伙會像父親當年那樣懲罰我們。

關於三者的重要性，讓我們用一個簡單的比喻來解說。我們知道我們居住的城鎮的外觀和佈局規劃。但我們對於地球其他地方廣闊的未開發區域卻一無所知。同理，我們知道自己的基本性格特徵和怪癖，但我們對於自己潛意識中廣闊的未知領域卻一無所知。佛洛伊德說，我們的意識就像冰山一角，而無意識的思想是冰山水面下那塊巨大的部分。在無意識中存在著被壓抑的記憶和卡爾·榮格稱之為陰影的東西：也就是被壓抑的特徵、傾向和態度。

同理，我們知道我們的自我可以作為我們做出選擇和人際關係的強大中心。但有時我們的行為會膨脹我們的自我。舉例來說，有了健康的自我，我們就能堅定地維護自己的權利。然而，有時我們會陷入一種頑固的特權感，給人一種傲慢的感覺。那種自我風格會干擾健康的人際關係。所以有時候，或者經常，我們會發現我們的自我會變得失調和沒有吸引力。

關於我們童年的經歷以及它們如何影響我們現在的態度和感情關係，毫無疑問，我們只知道其中的一小部分。我們會不斷去發現新的記憶和認知，顯示出我們早年生活對我們的影響是多麼微妙和普及。

因此，相對而言，在這三個方面都有一個像城鎮大小般的已知區域，和一個像星球大小般的未知區域，儘管我們在自己身上所下的努力功夫肯定有助於在某種程度上去調整這些區域的大小。然而，記住基本的限制，我們現在就能盡可能專注地觀察我們的陰影、自我和早年生活是如何進入我們的觸發點的。既然未知的區域事實上是無比寬敞的，我們也會渴望向它敞開心扉。

我們的第一個練習很簡單。每當我們被觸發、心煩意亂時，我們可以問自己這三種中的一種或多種——我們的陰影、我們的自我、我們早年的生活問題——是否被啟動了。這將需要一些洞穴探勘的技巧，因為每一個層面都是如此令人困惑。使用字首語能幫助我們記住如何完成這項進度工作：我們「看到」（S.E.E.，譯註：Shadow, Ego, Early Life 的首字母縮寫語）在我們身上發生了什麼。當我們檢視這些當中有哪一項被觸動時，我們經常會發現答案竟然是兩項或全部三項。當我們被觸發或心煩意亂時，當有什麼事情讓我們陷入困境時，請在那三項的列表中打勾，並問自己以下問題：

- 我看到自己的陰影了嗎？我要做的和他做的一樣嗎？我是否在看著一面鏡子，而鏡中所展現的是我隱藏的自我？他身上或他的行為中示意了些什麼，是我自己未得到承認的？
- 我膨脹的自我受傷了嗎？我是不是在想：「他竟敢不尊重我的偉大，不承認我有特權享受特殊待遇？」他是不是僥倖規避了我無能為力改變或者也同樣能夠僥倖規避的事？
- 這讓我想起早年的某個生活經歷了嗎？我聽到的是媽媽還是爸爸的聲音？我把他們的臉加諸在這個無辜的旁觀者身上了嗎？我重返童年的家了嗎？

當我們被觸發時，我們可以問自己：「我的恐懼、憤怒或悲傷反應的哪一部分是關於剛剛才發生的事，哪一部分又是觸發能量——也就是說，什麼是被我的陰影、我痛苦的自我或我早年的生活問題所啟動的？」

而且幸虧，我們也有三種資源來幫助我們處理這三個目標：與陰影為友、放下自我、透過哀悼過去的傷害來處理移情。讓我們來看看這三個方面的練習方式：

## 一、與陰影為友

當我們和陰影交朋友時，我們會把自己對他人的投射追溯到自己的問題和特徵上。我們在自己身上承認它們，同時也對他人坦承。然後，我們會尋找其中有創造性和有用的事物。我們並不是剔除或消除「不可接受」的部分，而是接受它們並且讓它們更物盡其用。舉例來說，我承認我的控制欲很強，自己承認這一點，而非責怪別人的控制欲有多強。我的下一步則是尋找能夠運用我控制欲的更佳管道。例如，我可以更有效率、擅長跟進、注重細節、擁有領導或協調能力——而非去控制他人。

我們必須銘記在心的是，無論我們把多少自己的陰影公開並與之為友，總還是會有更多——遠遠超過我們所能知道的。陰影是我們整個的無意識，大到以至於一生都無法解決甚至敞開。然而，我們不需要知道所有的事，只需要知道它在此時此刻是如何運作的。健康並不代表完美；反之，這意味著繼續致力於朝著健康的方向再邁出一步。

## 二、減少自我反應

當我們減少自我反應時，我們會注意到我們的傲慢、我們的爭強好勝、我們對成為頭號人物的堅持以及我們掌權的事實。我們承認我們覺得自己有特權得到別人的特殊待遇，並且被尊為高人一等。我們會去探討自己是如何報復那些不向我們的偉大低頭或以任何方式傷害我們的人。我們會去尋求能幫助我們找到謙遜美德的精神實踐方式。*

自我不僅僅屈從於心理方面的工作；它也需要精神方面的覺醒。我們突然覺得自己準備好要尊重平等而非統治。我們已經找到了「天賜恩寵」，將我們從試圖維護自己地盤的瘋狂自我的強迫症中拯救出來。當我們得到應得的懲罰，尤其是被我們認為比我們低下的人，而我們的自我完全洩氣時，另一條療癒的途徑就開啟了。這一回，我們沒有報復或再次膨脹，而是抓住機會吸取教訓，變得更加謙虛，不再自命不凡。

我們不要忘記，無論我們如何馴服自我使其發揮作用，總會爆發自我膨脹，那是因為自我會超越任何人能夠完全馴服的程度。我們無需因此責備自己。我們只需對自己的不足變得更加謙虛，而這也會讓我們更加值得被愛。然後他人也會幫助我們放下自我。

## 三、克服移情

為了克服我們的移情，我們必須深入探究童年發生在我們身上的事。我們利用內心悲傷的資源來處理和解決我們古老的傷痛。這會讓我們放下對父母的怨恨。這樣的釋懷是一

＊有關這方面的更多資訊，請參閱我的著作《你並非你所想的那樣：通往自尊和慷慨的愛的無我之路》（You Are Not What You Think: The Egoless Path to Self-Esteem and Generous Love），二〇一五年。

種途徑，讓我們獲得自由，不再把怨恨移情到他人身上。我們也不會將「去滿足我們父母未能滿足需求」的要求或期望移情到他人身上。這種悲傷和釋懷是一生的工作，但如果我們想要擁有健康的感情關係，這是非常可行而且也是絕對必要的。

我們仍然意識到，無論我們在自己身上做了多少努力，對我們的過去進行了多少探索，即使有了最先進的療法，我們也永遠不會知道發生在我們身上的一切，我們感受到的一切，我們錯過的一切。我們也永遠不會看到童年依然影響我們生活和感情關係的所有狡猾方式。我們也不需要這麼做。隨著每個時代的流逝，我們只要多了解一點，就可以過著令人滿意的生活。是的，我們確實在進化，變得不那麼受我們的過去和它所引發的觸發點所控制。

下頁的表格敘述可能有助於我們理解為什麼我們會突然喜歡或不喜歡某人，而這些都是觸發的例子：

| | 我喜歡你 | 我不喜歡他 |
|---|---|---|
| 陰影 | 我在你身上找到了對我的歡迎。 | 他勾起了我的一種特質，而那種特質是我不想相信我擁有的。 |
| 自我 | 我感覺不到競爭或威脅感。 | 我立刻想要表現出勝人一籌的作風、貶低他，或令他蒙羞。 |
| 早年生活 | 你讓我想起一個我珍惜的家庭成員。 | 他讓我覺得我和某個家庭成員在一起，而這個人是和我有過過節、讓我有不舒服的感覺、未解決的衝突的。 |

這三種起源和資源也是會反向作用的。其他人在與我們打交道時也會同樣受到這三種影響觸發。舉例來說，我們的伴侶可能會被我們對她的行為所觸發，因為我們的行為讓她正面去面對了她自己的陰影。我們的自我可能喜歡爭強好勝，所以我們在他人的自我中啟動了爭強好勝的反應。我們表現得像父母一樣，讓我們家中的伴侶或同事對我們產生移情反應。在這些情況下，我們所能做的只有問對方我們所說的或所做的對他有什麼影響。如果是信任關係，我們可以探究三個起源——但要非常小心翼翼。我們的問題很可能會被理解為一種批判，而非真誠地試圖找到我們共同的真理並一同努力。我們處於敏感地區，

所以我們必須謹慎行事。勞倫斯．杜雷爾（Lawrence Durrell）在他的小說《巴爾薩爾》（*Balthazar*）中寫道：「它應該具有擁抱的曲度，愛人代碼的無言……就像溫柔的舉動一樣容易理解……這是一種如此微妙的關係，很容易就會被好奇的頭腦打破。」

在我們可以深入到這個話題的更深一個層次。當我們堅持檢視自己關於觸發點的三大主要來源時，我們會注意到一些非常具啟發性的東西，那就是這三者中的每一項都可能是一個黑暗的螢幕，而我們用它來保護自己免受現實的直視：

- 陰影創造的是一個投射透鏡。我們人類看到的彼此並不是我們自己，而是我們所投射的。
- 自我是特權的透鏡。我們看到的彼此符合我們對彼此的要求。
- 早年生活成為移情的透鏡。在我們的生活故事中，我們把父母的臉加諸在無辜的旁觀者身上。

只要我們的陰影或自我或早年生活還在順利運行，我們就看不到我們內心正在發生什麼赤裸裸的大膽現實。我們看不到自己真正想要什麼、我們到底是誰、別人是誰、到底發生了什麼。當我們透過認識陰影、自我或早年生活元素，最終瞥見我們內心實際發生的事時，問題就沒什麼大不了了。我們的反應也會很快消失。

我親身經歷過，這是一種極大的解放。我認為我想要一個人或者一群人喜歡我，包括我自己在內，或是挪出時間來給我。我也很確定我想和他們在一起。我很肯定如果他們迴避或排斥我，我一定會覺得不被尊重。然後突然間，在一次覺醒中，我明白了自己內心真正發生的事情：我的自我想要得到自戀的認可，一些我在他人心目中具有重要性的保證——也許就像我童年時想要的那樣。當我把這兩個元素——自我和早年生活——視為我真正關心的事情時，我立刻明白我並不是真的想和那個人或團體在一起，我只想要那種被容納的感覺。這種渴望是為了自我膨脹以及得到我多年前錯過的東西。這並不是真正關於他們對我的認可，也不是我想要他們的陪伴。換言之，一旦自我和早年生活問題被剔除後，我就會發現我內心真正在想什麼。我們在本章節中所討論的三種觸發源頭中的任何一種都適用於這個道理。這三者都可以作為緩衝，防止不受阻礙地與現實接觸。讓我們再舉一個例子：假設我們有一個童年引發的移情，讓我們對某人很有好感。一旦這種移情消失了，我們就只會是單純地把他或她視為一個普通人，吸引力就會很快消失。變化的迅速正是我們抵達自己現實的線索。

移情對我們有如此強大的影響力，正是因為它保持著無意識的狀態。這就是為什麼當我們意識到真正發生了什麼事，當我們最終看到誰的臉真的在我們面前時，我們就能如此迅速地找到解脫。然後我們會明白到底發生了什麼事。然而，我們可以結束這場遊戲。

在這個過程中，我們可能會意識到，舉例來說，我們依然在努力讓父母愛我們。我們看清了我們的傷口有多深，我們古老的渴望有多深。我們知道我們的努力是為我們的過去悲傷更多。然後我們會對自己和父母感到同情。很快地我們就會注意到我們不再那麼容易被觸發。我們甚至可能看出這整件事有多滑稽可笑，而對方可能連猜都猜不到我們想幹嘛。我們知道我們做對了，因為一旦我們當場抓住了惡魔，所有的恐懼和操縱對方的計畫都在一夜之間告終。當我們能夠微笑，善意地聳肩，放手，繼續前行時，我們就知道我們已經跨過了古老的溪流。

這也適用於強迫結束一段親密關係。當我們真正悲傷並放下不再想要我們的伴侶時，我們會注意到我們不再分分秒秒都在惦記著他。放手會縮小他在我們心中的尺寸。他不會再像以前那樣在那裡佔據那麼多空間。這是讓他的決定不再觸發我們這麼多的結果——或回報。執念結束，觸發也就結束了。放手確實是有利的，因為它同時也是一種被觸發的釋放。

我們只會在三層面紗都被拉開的瞬間看到現實——或者彼此。然後由觸發和反應組成的紙牌屋就會自行坍塌。如果沒有陰影投射、自我強化和早年生命移情的基礎，我們對現實和感情關係的習慣性、條件性建構肯定會失敗。在新敞開的空間裡，我看得見你，你也看得見我。我們一直在害怕的是現實的直接全景嗎？我們是否建造了庇護所來保護我們不被真實的我或真實的你滋養淋濕？我們自以為對於你跟我了解更多，但實際上還有很多需要彼此解，這是多麼令人著迷的事。

## 有助提升內在資源的練習

在本章中，我們探討了處理觸發點的具體方式。然後我們發現了可能可以幫助我們處理三種潛藏在我們的觸發點背後的心態。現在，我們還要透過找到所有人都可用的方法，來充實我們的內在資源寶庫。我們將在第七章中針對感情關係，然後在第八章中針對靈性，再次進行分析探討。

### 深化自我的途徑

我們允許、充分感受並從中學習的啟蒙痛苦經歷，對我們而言就像是新兵訓練營。這就相當於「從事實務工作」：面對、處理和解決當前的問題、擔憂和痛苦的經歷，而非讓它們未經檢查就從我們身邊溜走。肥皂劇之所以膚淺，是因為沒有任何東西經過處理和解決。每一章都開啟了一個新的一章，但卻沒有一個完整的解決方案和完成——一個允許其深化的過程。

隨著我們的成熟，我們開始接受我們內心深處的合法性，而我們也不再試圖用人、工作、食物、酒精和其他干擾來填滿它。這是對這樣一個事實的無條件的肯定，而事實也就是我們所有地球人其實都普遍有一種存在性的空虛。我們全會都發現自己有時迷失在自己內心那個沒有意義的虛空中。那個虛空有別的名字；它也可以被稱為：開放、充滿可能性、自我發現。

我們可以同意那個荒涼的地方是我們內心風景的一個特徵——就像我們同意大峽谷的合法性而不會試圖去填滿它一樣。如果地球反映了我們的人類本性，那麼一個未填滿的空洞對我們的內在生態一定就像對地球的生態一樣重要。如果我要進入大峽谷，我會想在那裡待上足夠長的時間來探索動植物。為什麼我們不能用同樣無畏的好奇心對待自己內心的大峽谷呢？大峽谷並沒有告訴我們缺了什麼，它告訴我們的是，並非所有事物都需要被填滿。

深化的結果讓我們的精神層面得以擴大，而我們也會變得更有能力去啟動我們的潛力，一種核心的內在資源。萊納．瑪利亞．里爾克（Rainer Maria Rilke）在一九一四年寫給瑪格達．范．哈丁伯格（*Magda von Hattingberg*）的一封信中把這稱為「實現一個人最純粹的內在可能性的無限決心，而這種決心通往任何方向都不再受限。」

## 寧靜、勇氣、智慧

十二步驟的療癒力——最初是由路德派神學家雷茵霍爾德・尼布爾（Reinhold Niebuhr）所撰寫的祈禱文——依我們的目的，可以將之這樣解讀：「願我能平靜地去接受不能改變的，有勇氣去改變即將改變的，並有智慧去了解不同之處。」我們如其所是地肯定了我們對現實的忠誠。有時它會讓我們完全屈服於我們無法控制的事物，投降給了我們寧靜。有時它會邀請我們採取行動去改變一些事情，包括我們自己，那個行動就是勇氣。最後，我們不斷地向宇宙、佛陀、聖靈（或其他力量）尋求智慧，知道向哪面旗幟致敬：接受還是行動。我們不僅祈禱能擁有寧靜、勇氣和智慧——這些已經並且會永遠存在我們心中——而且我們也渴望在此時此地能夠啟動它們。

我們想像或希望我們能完全控制一切正在發生的變化。但這種控制，如果可能的話，將會取消我們建立內在資源的機會。我們無法完全控制自己，這是我們的心理幫助我們找到並增加內心財富的矛盾方式之一。按照這些思路，羅馬皇帝馬可・奧理略（Marcus Aurelius）在他的《沉思錄》（*Meditations*）中，根據斯多葛主義的戒律，提出了一個處理擾亂（觸發）我們的建議。他建議不斷區分我們能控制什麼和不能控制什麼。然後才能找到合適的路徑。他的建議反映了祈禱文中的三個要素：接受我們不能改變的，改變我們能改變的，並且明智地知道不同之處。

奇怪的是，我們怎麼會如此執著於無關緊要的東西。

——夢娜．史蒂文生（Mona Stevens），由麗莎貝絲．史考特（Lizabeth Scott）飾演，一九四八年黑色電影《陷阱》（Pitfall）

## 對事實說「是」

正如我們之前所看到的，每個觸發點都是人生中的必然。對人們會說出或做出觸發我們的事的可能性說「是」，就是用有精神意識的成年人身分來面對人生和感情關係。我們知道任何事都可能發生在我們身上。我們不能指望特殊交易或豁免權利。說「是」也是發生在我們身上的事和我們能從中獲得什麼好處之間的唯一聯繫——也就是說，這是一個擁有無畏愛情的機會。這樣的誓詞或練習方式是我每天都在使用的：「願我可以對今天發生在我身上的一切說『是』，讓它成為一個愛得更多、恐懼得更少的機會。」

這是一種擁抱我們日常現實的意願，沒有逃避或否認它的企圖。我們在心理上和精神上都成了激進的現實主義者。這樣的方式讓我們即使擁有不受控制的心情和感覺，同時依然感到安心和保障。那麼，最重要的就不是壞事是否會發生，而是我們如何繼續建立支撐和穩固我們的內在力量。每當我們將我們的心思和感情與現實聯繫起來，接受它對無條件尊重的迫切要求，適應它的最新挑戰，我們就增加了我們內在的財富。

我們的幸福和安全感不能建立在我們對自己的生活和感情關係控制程度的基礎上。這與不確定性的事實是相矛盾的。我們的幸福和安全感必須建立在現實的基礎上：由於任何人都有可能發生任何事，我們唯一的安全就是無條件地順其自然，然後盡最大努力充分利用順其自然的後果。然後我們就有可能會注意到幸福其實是我們說「是」的副產品。

## 自我慰藉

當我們被觸發時，自我慰藉可以成為一種內在資源，讓我們可以用語言來表達：「我能管理我的焦慮。我可以從危機中走出來。我可以讓自己平靜。」我們不需要使用藥物或酒精就能做到這一點。《詩篇》一百三十一篇提醒了我們自身的這種資源：「我已經讓自己平靜下來了……我很滿足。」滿足於我們現在的現實，正是我們如何讓自己平靜下來的方式。知足就是滿足於現有的而不求多，滿足於現有的而不怨天尤人。當佛教建議放下渴望和執著時，正是為我們提供了通往滿足的道路。

當我們調整自己的感覺時，我們會發現自己有能力去平衡和穩定自己。我們不必害怕自己的感覺或心情。我們可以意識到它們不需要駕馭我們。我們可以管理它們，而非被它們分割或摧毀。這些技巧是我們在自助運動中發現的一些標準技巧，包括：呼吸練習、瑜伽、放鬆技巧、與信任的朋友聯絡、健身、自我肯定的誓詞、置身於大自然等等。

## 醞釀

觸發點會引發即時反應。如果，在可能的情況下，我們停頓下來不做反應，而是等一兩天，這種延遲會讓我們獲得更廣闊的視角——也就是說，我們進入了前額葉皮質，而非對杏仁核中的資訊做出反應。我們讓事件或經歷去醞釀一段時間。翻滾的沸騰停止了，水也變得平靜了。我們可能依然會有所反應，但我們已經不再是對它做出回應行動。我們讓它變得更輕、更清晰，而非那麼令人不安。我們對事情不以為意的能力開始發揮作用。我們也會因此感到更強大。觸發點之所以會帶來痛苦，是因為它們削弱了我們的力量。醞釀能夠重聚我們的力量，並將它們應用在那些觸發我們的問題上。有能力去處理已經發生的事情，這種感覺對於減少未來特定觸發點的影響大有幫助。

在這種醞釀的形式下，當危機來襲時，我們就能放棄做出破壞生活穩定性的重大決定的誘惑（例如，因為配偶離開我們而搬離所居住的城市）。耐心是我們的內在資源，而我們會等待著煙消雲散，而且我們相信新的資源一定會如潮水般湧來。

## 保有我們的感覺

生活中有一些我們都必須面對的必然：事情會變，也會結束；人生可能很不公平；苦難是每個人生活中的一部分；我們的計畫可能會失敗；人們並不總是充滿愛意或忠誠。每一個必然都可能引發痛苦的反應。然而，透過適當的優雅，每個人都可以啟動一種內在資源，一種健康的情感反應。我們的感覺是資源，因為它們能幫助我們解決衝突的經歷。的確，感覺是我們的工具，隨時可以用來處理人生中肯定會發生在我們身上的事。每一種感覺都可以是一種技術，來幫助我們面對人生中的必然，敘述如下：

| 根據必然所發生的觸發點 | 不健康的反應 | 足智多謀的反應：我們讓自己感到…… |
|---|---|---|
| 失去和痛苦。 | 否決它們、怪罪他人。 | 悲傷，而這能幫助我們走過悲痛並放手。 |
| 不公正和不公平。 | 用暴力解決或復仇。 | 憤怒，進而勾起我們的抗議、堅定和承諾去平反申冤。 |
| 威脅和危險。 | 對抗、逃避、僵住不動。 | 恐懼，並會指引我們用和危險成比例的程度去保護自己。 |
| 快樂事件和好消息。 | 期望最壞的事發生。 | 歡樂，讓我們得以去珍惜這個經驗。 |

當我們有精神意識時，表格中足智多謀的反應不僅僅適用於我們自己。在精神意識

上，別人找到快樂，我們就會快樂。我們關心影響他人的損失、不公正和威脅，包括我們的親人和地球上的所有人。我們感受到一種普遍的同情，而我們會以表中最下列描述的行動方式做出回應。一個受傷的人也會讓我們流血。教宗方濟各在他的通諭《願祢受讚頌》（*Laudato Si'*）中寫道：「我們的目標是……敢於把世界上發生的事情變成我們自己的痛苦，從而發現我們每個人對此能做些什麼。」

感情可以觸發我們逃跑或躲藏。但我們總能找到自己的資源；我們的身體並沒有扔棄它們，只需要去旁聽我們的感受。舉例來說，當我們讓自己感受到孤獨的觸發點時，我們正在構建下次處理孤獨的內在資源。這就是我們練習正念的好處，因為是「活在當下」。我們不尋求逃避，也不因為自己感到孤立而責怪自己或他人。我們為自己做羅密歐為茱麗葉做的事，對自己說：「我依然會和你在一起。」

我們有些人只會在當我們專注於一個專案或目標時，才會完全意識到我們的內在資源。我們不知道如何處理空白。但是我們可以在感到空虛和失落的時候找到一種內在的資源來幫助我們找到滿足感。這種資源包括當我們度過孤獨的時光時，和自己「待在一起」。「待在一起」意味著向我們自己展現五A，也就是代表我們最早需求的親密愛意的組成要素：關注、接納、明白、感情、允許。這也意味著不要急於逃跑或分散注意力，而只是留在原地不動。「待在一起」是一種自我接納的實際形式。

我們也可能會注意到，當一切進展順利，在我們掌控之下時，我們就很容易能夠利用我們的資源——但其他情況則不然。但我們可以學會為我們無法控制的時刻做好準備。再次強調，我們必須堅持到底。當我們碰壁的時候，利用內心資源靜坐，不試圖突破那些抗拒我們的東西，甚至不會試圖突破自己的抵抗。我們會直呼其名，毫不動搖。我們會任由它按照它自己的速度自行發生。

## 來自過去和我們記憶的幫助

過去的事件會觸發我們，尤其是對我們做出的特定選擇感到羞恥。「過去是序幕」指的是發生在我們身上的一切，甚至（或者特別是）我們的錯誤，都可以被稱為內在資源。所有發生的事情最終都有價值，因為我們可以從中學習。同理，不管事情有多糟糕，或者我們犯了什麼錯誤，我們都可以求助於內在資源，其中之一就是「重新開始」。最後，每一個事件或經歷都是有價值的，因為每一個都給了我們另一個修行的機會。

以前成功的記憶可以安慰我們。我們可以回憶和一個真正愛我們的人在一起，和一個讓我們有安全感的人在一起，一個讓我們能夠做自己的人的那種感覺。我們聽到拉爾夫．沃爾多．愛默生（Ralph Waldo Emerson）在他一八三八年的哈佛神學院（Harvard Divinity School）演講中說：「我們在記憶中用光來標記我們對少數幾位人士的採訪，這些採訪使我們的靈魂變得更明智，說出了我們的想法，告訴我們我們所知道的，讓我們成為我們內心真正的自己。」是誰為我們調我們尚未響起的音調，我們從未膽敢大聲歌唱的音符？一個令人鼓舞的做法是想像這些特殊人士圍繞在我們周圍為我們歡呼。

的確，人們所說的和所做的不是具有安慰就是具有挑戰的成分，而兩者都有助於建構資源。舒適讓我們處於安逸和保障的容器中；挑戰則能激發出我們以勇敢的方式面對惡龍的潛能。

當我們模仿我們認識的足智多謀的人時，我們也能找到內在資源。我們看到他們表現出勇氣，而我們也肯定了自己具有同樣的潛力。我們練習勇敢，發現我們可以像他們一樣挺身而出。我們的英雄向我們展示了隱藏在我們內在的資源。

## 詩意想像的力量

情況或事件會觸發我們。讓我們無法完全理解它們。專門為某個觸發點和我們的反應去寫一首詩或一篇日記可能會有所幫助。我們將因此能夠獲得無意識的財富，並與當前的問題建立了更深層次的聯繫。一首詩尤其能挖掘出具體的關切，並且從中找到黃金。的確，寫一首詩來處理我們生活中的觸發情況，或者對新聞中的事件做出反應的做法，喚起了我們理性思考通常會忽略的一個層面。我們的詩可以回答這樣的問題：我如何彈性處理這個觸發點？我該如何回應剛剛發生在我身上的事？我對新聞中的這個政治事件或人物有什麼感受？在精神意識中，我們可以問，我怎樣才能在佛陀的心智和心靈中體驗到這一點？這是一個詩歌與實踐相結合的例子。我們全都有這項能力；練習實踐能夠增進我們的能力與資源。

## 需要守護的資源

物質財富是需要守護的。這就是為什麼在金融機構有夜班警衛，為什麼建築物周圍有牆，為什麼有保險箱、銀行存款箱、金庫。寺廟和禮拜堂包含的是精神財富。因此，它們也有牆和上鎖的門。我們的皮膚層同樣守護著我們身體重要的內部器官。在信仰守護天使的傳統中，天使守護著我們的靈魂。個人財富也可能需要隱藏；我們會隱藏我們的貴重物品。讓財富不受保護是說不通的。這樣做是對人類陰影面的否定，也就是我們都有可能成為獵物的掠奪面。

內在資源也需要時而被守護。我們很樂意與那些有需要但又不會導致我們被利用的人分享我們的資源。我們在我們的資源周遭設置並維護邊界以防損失。相互依賴的危險在於付出太多，以至於我們自己被掏空，或是什麼也沒留下給我們。一個相互依賴的人是被他人的需求所觸發而導致過度慷慨或自我犧牲。如果他認為自己給得不夠或優先考慮自己的需求，即使只有一次，他也會被觸發而感到內疚、羞愧和恐懼被他「深愛／太愛」的人拒絕。當我們讓他人不斷越過我們所劃定的界限時，這條界限就會完全消失。那麼我們自己和我們的成人關係就什麼也不剩了。我們需要守護我們的貴重物品，我們的內在資源，這樣它們才能繼續為我們和我們身邊的人服務。

自律是保護我們生活目標的一種方式。部分的我對我並不服從。我做出的選擇可能會損害我的健康或自尊。然而在另一個層面上，我又不想繼續做傷害我的事情。此時我可以求助於一種我們都有，但當我們不使用它時就會萎縮的內在資源：那就是紀律。這並不代表壓抑；這僅僅代表放下我們對成長和茁壯的進化動力的抗拒。

威廉・詹姆（Willian James）在《與教師談心理學及對學生談生活的理想》（*Talks to Teachers on Psychology and to Students on Some of Life's Ideals*）中寫道：「每一件值得擁有的好東西都必須用每天的努力來換取。忽略必要的具體勞動，節省我們自己的微小的日常稅收，我們就等於是在積極挖掘『我們更高可能性』的墳墓。」別把這種言論當作是過時的職業道德而加以拒絕，我們應該把它看作是對我們最豐富潛力的鼓勵。我們可以把我們的紀律觀念架構向我們自己敞開心扉的意願。如此一來，紀律就成了我們盡全力的合理代價。紀律是我們身上的資源，能讓我們在宏偉的人類任務中保持正軌，持續進化。

# 第四章
# 悲傷的觸發點

如果我延遲了悲傷，那將會削弱上天賜禮的價值。

——伊文．波蘭（Eavon Boland），《石榴》（Pomegranate）

在我們對觸發點的反應中，最常見的三種感受就是悲傷、憤怒和恐懼——也就是悲痛中的主要感受。在這一章和接下來的兩章中，我們將探討這些情緒，並找出資源讓我們能夠以健康的方式經歷這些感受。的確，當我們試圖擺脫痛苦的感覺時，這代表我們並沒有走上正軌。我們可以用促進成長的方式來保有悲痛的感覺。「保有」指的是去完全體驗某個事物，而不會因此而不知所措或被削弱。

生活和感情關係會為我們帶來損失、結局、失望、赤字和匱乏，這是必然會發生在我們所有人身上的。其中的每一個，就像人類生活中所有預期的必然一樣，都會成為悲傷這種健康反應的觸發點。這種感覺是一種內置的技術，一種內部資源，旨在幫助我們有效地處理這些觸發事件。當我們讓自己悲傷時，我們就會經歷失去的體驗。結果是，我們依然可以繼續過我們的生活——也就是說，我們會繼續邁向充滿生氣的健全整體。

在本書中，我們將邊緣反應與基於認知的調節區分開來。前額葉皮質有助於調節我們的悲傷。然而，它也能用來壓抑我們的悲傷。身為健康的成年人，我們必須選擇調節而非壓抑。

「情緒」這個字眼在拉丁文中是「移出」的意思。悲傷是一種情緒。我們感到悲傷即將到來；我們允許它在我們的身心中充分發揮作用。當我們流淚、講述我們失去的故事、必要時允許我們自己悶悶不樂，這些都是悲傷的表現。漸漸地，我們的悲傷會減少，然後釋放。我們的悲傷，就像所有的感情一樣，從上升至高點到下降，是以鐘形曲線顯示的。這就是我們經歷悲傷的方式，而非讓它被禁錮在我們體內。當我們壓抑自己的悲傷時，我們可能會容易變得憂鬱。然後我們會發現自己陷入一個似乎無法逃避的內心空缺。我們感受不到幸福；我們對生活目標失去興趣；我們在所有活動中放慢腳步；我們陷入絕望。我們的血清素和去甲腎上腺素值大幅下降，以至於神經資訊無法傳遞。被生理因素持續影響的憂鬱症，不是用悲傷的療癒經驗來處理的。還有一種化學性憂鬱症可能會持續數年，無論發生什麼情況，藥物治療都可能是一種重要的資源。

關於壓抑我們的情緒，記得我們提過失去會自動觸發悲傷，不公平會自動觸發憤怒，威脅會自動觸發恐懼。當我們壓抑這些健康的反應時，我們就會打斷一個自然的序列。我們會失去駕馭一個事件並體驗其後續感受的機會。我們會喪失努力解決已發生的事情並找到解決方法的機會。壓抑不僅僅是憂鬱的一部分；它也會阻擋我們的英雄之旅。

## 對早年錯失的事物感到悲傷

當我們蒙受損失時，我們的悲傷包括為某樣東西不見了而傷心，為它被拿走而憤怒，以及害怕沒有它我們將無法生存。這不僅適用於失去我們所擁有的，也適用於錯過我們所需要的和沒有得到的。舉例來說，在早年生活中，我們讓我們的父母知道我們的需求，我們希望他們會用資源來滿足我們的需求。如果他們不這樣做，我們本能地就會知道我們沒有得到即將到來的東西。我們可能會產生兩種感受。這是一個赤字——也就是，缺乏滿足感，因為我們的父母沒有能力給予。或者，這是一種剝奪——也就是，他們對我們隱藏了一些他們本來可以給予我們的東西。無論是哪種情況，我們都會感到悲傷。

當關注、接納、明白、感情、允許這五個 A 沒有到來時，我們有理由悲傷。但是，相反地，我們卻可能會去責怪自己，認為我們有問題。在我們成年後的生活中，我們才會發現事情並非如此，這些是關於人生中的必然，只是某些父母不願意或不能在我們需要他們的時候為我們站出來，還有關於我們為所失去而走過的哀悼之路，以及我們在長大成人後給予自己的五A。經歷這種自我培養的方式，我們才能準備好在一段健康的成人感情關係中，從我們的伴侶那裡接受五A。

有一種能夠幫助我們哀悼童年的損失、傷害和錯誤的做法，始於我們對早年記憶的關注。我們用記憶作為線索：每當我們想起照顧我們的人是如何沒有幫助我們，或者他們是如何傷害、拋棄或讓我們失望時，我們就會喚起悲傷的三種感受。然後，我們可以在對記憶的即時反應中問自己以下的問題，在每個問題之後暫停一下，去注意我們的知覺和感受：

- 這如何讓我感到難過？我怎麼到現在還抱著悲傷？我當時和現在是在身體的哪個部分感受到的？
- 這如何讓我感到生氣？我怎麼到現在還帶著怒氣？我當時和現在是在身體的哪個部分感受到的？
- 那如何讓我感到害怕？我怎麼到現在還懷著恐懼？我當時和現在是在身體的哪個部分感受到的？

隨著我們進行這項練習所帶來的進展，我們不再受令人不安的記憶所支配。我們把它們放在悲傷的容器裡。換言之，我們正在處理它們，而不僅僅是在我們的心智和身體中堆積和儲存它們。我們不是在囤積記憶；我們是為它們在我們體內流動挪出空間，讓它們能夠像閃電穿過避雷針一般。然後它們會安全地回到地面，也就是回到地球。我們正在將痛苦的記憶轉移到療癒的環境中。以神經科學的方式，我們正在將他們轉移到治療中。我們正在利用神經科學中被稱為「重新制約」的做法，拿一個舊習慣並將之重新改造。因此，我們在大腦中構建新的神經通路，以便將一份記憶加以擴展，讓它能夠從提醒我們的傷害中解放出來。這三種感覺，在一次又一次的體驗之後，會逐漸帶給我們一種完成感。這種做法有助於我們培養對自己身體的信任，這也是另一種內在的寶貴資源。如果這種做法，或本書中的任何做法，重新刺激了創傷，就不要繼續使用它，或者我們會找到一種方法來軟化它，令它可以忍受。

我們的悲傷練習能幫助我們應對三種人生中的必然，而這三種必然也可能是我們童年的特徵：失去、不公正、威脅。悲傷是我們處理赤字和損失的內在資源。憤怒是對我們受到的不公平待遇的不滿。恐懼會發出危險或威脅的信號，並啟動我們自我保護和自我安全的資源，也就是我們在這個練習中所進行的。

避免對我們在童年時的家錯過的事物感到悲傷，聽起來可能是這樣的：「如果我現在能找到一個人給我童年時錯過的東西，我就不必為當年沒有得到而感到悲傷。」所以我們可能會向成年伴侶做出這種需求或要求，甚至是我們的父母，因為現在我們也跟他們一樣都是成年人了。但大多數人都會發現這其實是行不通的。唯一的道路是我們自己的旅程，從童年的封閉到成年的解放的那段旅程。

我們也可透過對父母或他人的怨氣來避免悲傷。然而，在健康的心理發展中，我們應該要放下委屈，去體驗悲傷、憤怒、恐懼等情緒。

我們最終會理解到一個極具諷刺意味的事實：那就是滿足我們對愛的需求其實很容易！爸爸的一次愛的安撫就可以讓我們活上十年。但他就是連那麼一點都不能或不願意給予。這對我們自己和我們的父母而言都是悲傷的。不過，當我們對過去感到悲傷並釋懷時，我們就終於能夠獲得讓我們成為成人的核心內在資源，也就是養育自己的能力。它其實一直都在我們心中；現在我們開始運用它，而且有人會摟著我們、保護我們，也沒有人會受到責怪。

最後，我們要提醒自己，任何悲傷的過程都需要深刻並徹底地接受我們人生故事中那些必然的損失、變化、打擊、不受歡迎的事件和結局。我們會悲傷、放下、接受過去和現在。這是一種無條件的肯定：沒有過錯，沒有責怪，沒有抗議。無論是處理悲傷還是解決一段感情關係中的衝突，只有接受最終和持久不變的赤裸裸、光禿禿、大膽的現實才能有所了結：「事情發生了。有時候事情就是這樣。我現在唯一的反應就是向這個事實投降。當我最終允許自己說『是』的時候，我在我的內心注意到一種比以往任何時候都更深的放下。它的出現意味著我接受了現實，而非對可能發生的事抱有希望，或對已經發生的事情感到後悔。當我接受無法改變的事時，我就找到了平靜。」我們在奧瑪．開儼（Omar Khayyam）的《魯拜集》（The Rubaiyat of Omar Khayyam）中發現了一個深刻的精神暗示：「在一切開始和結束的地方結束：是的！」

> 古老的悲傷逐漸轉化為平靜而溫柔的快樂，這是人類生活的一大奧秘。
>
> ——費奧多爾．杜斯妥也夫斯基（Fyodor Dostoyevsky），《卡拉馬助夫兄弟們》（The Brothers Karamazov）中的佐西馬神父（Father Zossima）

## 哀悼死亡

一個對我們來說很重要的人的去世是所有觸發點中影響力最大的。我們對失去的反應是失落感。在我們的喪親之痛中，因為失去而哀悼，我們當然需要——並且擁有——內在的資源去應對。在本書中，我們提到了處理我們的經歷。「處理」就是讓自己去充分感受。處理是應對、管理並從一個創傷事件中生存下來。

然而，當我們失去某人時產生的感覺起初往往是難以觸及的。我們會暫時感到麻木。我們的身體會明智地防止讓我們的感覺淹沒我們。它知道如何一點一點地去悲傷，或者僅僅悲傷到足以讓我們度過難關。否認有助於不要過快去接受令人痛苦的損失所帶來的全面打擊，這是對於所發生的事不相信、震驚、不清楚的表現。所有這些都是正常的。我們必須對自己非常有耐心，哀悼需要時間，而我們不知道會需要多少 時間。我們喪失親人後的第一步是相信我們的身體會指引我們前進的道路，無論它選擇什麼形式，不管它需要多少時間。我們可以相信，這條道路可以護送我們走出痛苦的迷宮，無論多麼曲折。

我們不能指望能憑藉我們所有的精神力量輕而易舉地度過悲痛。我們會受不斷變化的情緒所支配。所有這一切都在意料之中。對大多數觸發點的反應其實只有一兩種感覺或行為，對死亡的反應則要複雜得多。它會以曲折的方式、階段性地發生，以其強度、不可思議的時間、顛覆我們的力量——無論是短暫的還是比我們想像中更長的時間——讓我們感到震驚。在此，我們也必須相信正在發生的一切都是過程的一部分，也就是，都是療癒的一部分。我們的身心正試圖吸收一種意想不到的剝奪，對此永遠不會有足夠的練習。哀悼是一種標誌性的經歷，在形式、持續時間和影響上，對每個人而言都是獨一無二的，而且是在每次失去時都會如此。

哀悼在身體上、心理上和精神上捕獲了我們。在身體上，我們可能會在奇怪的時間點流淚或崩潰、疲勞、體重變化、失眠、免疫反應減弱。這就是為什麼進食和運動很重要，即使我們可能會失去食欲或不想進行體能活動。

心理上，我們會因為有人走了而感到難過。我們會對他或她被帶走感到憤怒。我們會害怕我們現在內心所感到的空虛，因為我們失去了那個曾經是我們生活圈中如此重要的一個人。我們會感到內疚，因為我們做得不夠，因為我們沒能為失去的那個人站出來而後悔。

悲傷的其他心理特徵包括持續的焦慮、無精打采、傷害自己的想法（包含自殺的念頭）、對心像或對失去的親人的記憶的癡迷。所有這些都是完全自然的，並不代表我們有所不足或是我們沒有足夠的信仰或足夠好的精神實踐練習。的確，在精神上，我們可能會發現自己處於一種空虛之中：我們可能無法從我們的信仰或精神實踐練習中獲得安慰。然而，在任何情況下，堅持我們的做法都是至關重要的。

悲傷時，我們的資源既有內在的，也有外在的。在內在方面，我們會承認並談論我們的痛苦。我們會讓自己看起來脆弱，而不是努力讓自己看起來堅強。我們會接受自己所有著魔般的情緒和古怪混亂的感覺。就外在而言，我們會從我們所愛和尊重的人身上尋求支持和存在感。如果有必要，當我們準備好的時候，我們會願意嘗試心理治療。當我們尋求幫助時，我們會記得我們實際上是堅強的，而非軟弱的。的確，我們已經變得真正無懈可擊。

另一個我們必須了解的重點是，我們不必一直去談論我們的損失。和我們愛的人在一起能夠帶給我們安慰。雖然他們不能帶走我們的痛苦，但當我們在死亡陰影的山谷中跋涉時，他們可以陪伴在我們身邊。

## 當他人悲傷時

我們有時會遇到悲傷的朋友或家人。我們的鏡像神經元會讓我們的臉看起來像我們不快樂的朋友的臉一樣悲傷。我們會和他們一起悲傷。我們的資源是同情，也就是幫助我們和他人的一種精神實踐。我們會透過理解而非批判來表達我們的同情。我們理解悲傷的感覺，尤其是因為我們在自己的人生中也經常悲傷過。同理，我們也不會給予他人忠告，或試圖用陳腔濫調來安慰他人。

我們對認識的人感同身受的反應會引導我們以同情的態度去實踐「待在一起」。這首先是以實際在場的形式出現的。當我們把愛的五A——關注、接納、明白、感情、允許——提供給他人時，我們的在場就是出於對他人痛苦的同情：

- 我們一心一意地關注對方的感受和肢體語言，我們不去多加評論。
- 我們接納對方療傷的的時程。我們不會說：「振作起來」或「該放下向前看了」。
- 我們明白，別人的悲傷體驗完全是屬於個人的。它不該是要複製我們自己的。它有自己的規則和路徑，我們必須尊重這種差異。
- 我們以適當的肢體方式向對方表達感情——例如，如果對方願意的話，我們可以擁抱對方。
- 我們允許對方讓我們知道他們歡迎我們造訪的時間和頻率。我們問對方需要些什麼，而非自行決定。我們也了解有時可能會出現溝通不良或約會失敗的情況。

所有這些都代表著——同時也讓現在成為——一種與他人的痛苦有所聯繫的關懷。既然我們的人生目標是培養愛的能力，同情不僅是一種對他人的資源，也是一種對我們自己的資源。它所需要的只是存在，和對方在一起。以兒童電視影集《羅傑斯先生的街坊》（*Mister Rogers' Neighborhood*）聞名的佛瑞德・羅傑斯（Fred Rogers），在他的《說我愛你的許多方法》（*Many Ways to Say I Love You*）一書中明智地說道：「在孩子們的一生中的許多時候，他們會覺得世界變得顛倒了。讓他們產生安全感的並不是無時無刻不存在的微笑，而是知道愛可以容納許多感覺，包括悲傷，而他們可以依靠他們喜歡在一起的人，直到世界再次變得美好。」

當我們在靈性意識中成長，意識到我們與眾生的連結時，我們會為那些受到災難或暴力影響的人感到悲傷。當我們在電視上看新聞時，我們不僅僅是觀眾，我們可以為他們祈禱或祈願。八世紀的佛教高僧兼學者寂天（Shantideva）在《入菩薩行論》（*The Way of the Bodhisattva*）中表達了此一願望：「願那些發現自己置身於無路和可怕的荒野中的人……能由仁慈的上天所守護。」

在我們的慈心實踐中，這一點將在第五章中詳述，我們會把愛延伸到我們自己身上，延伸到我們最親近的人身上，延伸到對我們中立的人身上，最終延伸到所有的人身上。我們也可以允許我們自己為自己、為我們所愛的人悲傷，以及為所有蒙受損失、受到傷害或侵犯的人悲傷。我們的同理心是可以無限延伸的。

## 避免悲傷會……

哀悼是現實主義。我們感到悲傷，是因為我們尚未逃避結局的現實。然而，我們大多數人都善於避開這個過程。我們避免悲傷的五種常見方式是改變我們的反應，朝向報復、後悔、卸載、無視邊界和冷漠。讓我們詳細探討一下。

## 1、報復

憤怒的反應可能是哀悼的一種逃避。復仇的反應可能同樣是在掩蓋我們的悲傷。在莎士比亞的《特洛伊羅斯與克瑞西達》（*Troilus and Cressida*）中，我們聽到：「復仇的希望將會隱藏我們內心的悲哀。」一個損失讓我們感覺不完整、不平衡。我們重置平衡最原始的方式似乎是報復。我們告訴自己我們受到了傷害，所以我們必須奉還這種傷害。然後天平會再次校準。但這會取消我們對「失去」自然和必要的哀悼。我們想像如果我們報復某人，我們就會感覺更好。「更好」相當於我們被欺騙以為「情況會好轉」，因為我們避免了悲傷的痛苦。事實上，我們已經失去了一個讓身體能夠找到方式了結的機會。

我們必須牢記，報復是自我最喜歡的運動。復仇最終並非在糾正錯誤。正如我們將在下一章中所看到的，它也是憤怒用來自我緩和憤慨的方式。

不需要報復的悲傷對男人來說可能尤其困難，因為他們經常被教導不能哭。所以很多男人會逐漸變得害怕自己的悲傷。關於男性化的行為（如：復仇），和不男性化的行為（如：哭泣）的制約如此根深蒂固，會在我們身上持續一生。但我們可以努力讓那種態度消失，讓我們的悲傷站出來。這代表允許我們自己在面對失去時完全做我們自己，允許我們自己去造訪人性中更溫和的環境，也就是那種允許眼淚存在的環境。記住，允許是自愛的五 A 的其中之一。

## 2、後悔

感到後悔是另一種我們可能會避免悲傷全部歷程的方式。我們可能會糾結於最近的一次的觸發反應，與自己討價還價，討論我們應該以何種不同的方式去做某事，以獲得更好的結果。我們會陷入遺憾，而非陷入適當的悲傷。後悔是永遠無法解決的悲傷。反之，我們在自憐或自責中浪費時間。後悔是一種跡象，代表我們沒有原諒自己，沒有放下並向前看。由於我們每個人與生俱來就會不斷向前走，因此後悔對我們成年後的成長是一種危險。處理後悔的方式便是忘懷過去的錯誤，轉而去等待了結。

我們可能會對自己後悔的選擇感到羞愧。觸發點的起源可能可以追溯到童年。我們可能會因為做了父母稱之為錯誤或糟糕的事情而受到羞辱、懲罰或拒絕。如果我們知道我們所做的沒有錯或不好，就不會被觸發。但如果我們在內心同意了這種規勸，我們現在可能依然會被觸發而感到羞愧。我們的反應是去羞辱自己，而這也是另一種形式的後悔：「我為什麼要做出這種事？」、「我怎麼會犯這樣的錯誤呢？」、「我怎麼會這麼笨？」這些正是我們童年時使用的字眼，而現在我們再次聽到自己對自己說這些話。我們有多少後悔是來自很久以前我們在家中未解決的悲傷呢？

德日進（Pierre Teilhard de Chardin）在他的論文《宇宙人生》（*The Cosmic Life*）中寫道：「我祝福我職業生涯的變遷、好運和不幸。我祝福我自己的性格、我的優點、我的缺點、我的瑕疵。我以我自己被賦予的形式，以我的命運塑造我的形式愛我自己。」這就是當我們聽起來像是原諒自己而非帶著後悔過日子的模樣。感受我們的悲傷會讓我們放下悲傷，然後自責也會離去。當我們承認自己的悲傷並讓自己充分去感受它時，我們就更有可能原諒自己。

我們可以用一個例子來解釋這是如何發生的。我們讓自己感受到他人傷害我們的悲傷。漸漸地，我們會感覺到一種轉變，放下責備、怨恨和報復的需求。放下那三者就是原諒。當我們將這種模式應用到自己身上時，我們同樣會看到什麼是自我寬恕。我們會感受到我們的悲傷，而當它在自行解決時，就像是溶劑一樣起作用。它會洗去我們的自責、自我憎恨和任何懲罰自己的需求——也就是，進行自我報復。現在我們已經原諒了自己，我們可以向前看了。原諒他人或自己並不表示在找藉口，這代表著放下我們在內心憋了太久的怨恨。當我們注意到一種對自己不可磨滅的信任感，而且這種信任感在遭受自我批評於我們心靈的牆壁上塗鴉之後依然存在時，我們就知道自己已經長大了。

順便一提，提到自我批評也不禁讓人想起一種幽默的反諷說法。如果自我批評說我們很愚蠢，而我們相信我們確實是如此，那麼我們就等於是在承認我們內心有一個具有洞察力的評論者。因此，相信自我批評的結論，認為我們自己愚蠢的同時，也正是在向我們自身那個真正聰明、值得傾聽、與愚蠢相反的自己致敬！我們可以帶著微笑去注意到這種矛盾，而這也有助於我們擺脫自我厭惡。

### 3、卸載

我們有時會試圖透過讓別人和我們一起或代替我們感受悲傷來擺脫悲傷。我們可能會透過告訴他人我們的損失來卸載自己的悲傷，這樣他們就可以為我們哭泣或與我們一起哭泣。我們可能會誇張地講述自己的故事來吸引對方的全部注意力。我們會指望別人的同理心，把它當作一種途徑，讓那個人盲從地同意承擔我們的一些痛苦。藉此，我們將壓力從自己的身體卸載到他人的身體裡。莎士比亞的角色黛絲德蒙娜（Desdemona）在《奧賽羅》（*Othello*）中就描述了這個過程：「他把一部分悲傷留給了我，和他一起受苦。」

有時候這種分享是健康的。悲傷有一個可分享的層面。這就是為什麼葬禮在表達和度過我們的悲傷時如此有用。我們身邊圍繞著那些曾經愛過的人以及那些曾經被我們失去的親人愛過的人。我們一起哀悼，而那會減輕我們心中的壓力。同理，當任何損失發生時，我們會一遍又一遍地去講述這個故事，以減輕悲傷的影響。所有這些都是悲傷走向了結的方式。

但卸載和分擔悲傷是不同的。卸載包括將我們自身的一些痛苦轉移到他人身上。這可能是出於對找到我們自己內心資源抱持著懷疑或拒絕，以便遏制及度過損失。我們會去尋找那些我們認為比我們更堅強的人來替我們分擔一些痛苦。在我們的故事中，我們會把十字架放在一個旁觀者的肩膀上。

我們也可能成為卸載的目標。當他人告訴我們在他們的感情關係中正在發生的事情或他們蒙受某種損失等悲慘故事時，我們有時很容易就會上當。我們會感到同情，但我們的參與最終可能會成為一種相互依賴的形式，而在這種形式中，我們會陷入了另一個人的問題當中。然後我們可能會被觸發成為一個救援者。問題是接下來這個卸載的人自己就不會努力了。我們正在讓這個講故事的人——一個可能需要接受心理治療的人——更不可能去找到他所需要的幫助。換言之，我們正在讓某人去避免對他的悲傷進行適當的處理。朋友可以是療癒伴侶，但不是心理治療師。

### 4、無視邊界

當我們向某人提出需求，而他卻對我們說「不」時，適當的反應是悲傷。我們失去了找到我們渴望的滿足機會。然而，我們大多數人都會立即用責備對方來掩飾我們對這種缺乏滿足感的悲傷。我們會說他在隱瞞、不慷慨，因為他不願意給我們重要的東西——當我們需要他的時候，他不在我們身邊。我們會為沒有得到我們想要的東西而悲傷。

另一種選擇可能是強求得到我們想要的東西，堅持要得到它。我們有時不尊重邊界

（這裡的邊界指的是對方拒絕我們的權利）。我們拒絕接受「不」這個答案。我們反而要求對方以我們想要的方式為我們完成任務。因此，悲傷的另一個藏身之處是對我們沒有得到想要的而產生憤慨。

我們可能會把「不」當成是一種戰鬥的召喚。我們怨恨對方，認為當他向我們提出要求時，我們有權利報復，這顛覆了信任。表現出我們對伴侶或朋友的回應感到難過，才能表現出我們的脆弱，從而培養對方對我們的信任。我們就更有可能在未來聽到「是」的回答，儘管這不是我們的動機。一旦我們下定決心，無論如何都要將自己的感受透明化，我們就會發現，這種勇氣感是我們唯一渴望的回報。這種勇氣解放了別人對我們如此強大的觸發力量。

## 5、冷漠

我們有時會誤解佛教的教義。我們會想像，如果我們開悟了，就不會對損失感到悲傷。對我們來說，結局會更容易處理。但那種極端的隱忍和冷漠將是不人道的。開悟是我們內在整體性的表現。這意味著允許人類經驗的全部範圍。身為其中的一部分，感情是一個必要的特徵。身為社會生物，我們與他人緊密相連，我們需要彼此才能生存，我們彼此相愛，以一種關懷和喜悅的方式表達我們的聯繫。失去代表至少明顯地結束了聯繫。這對於像我們這樣在合作和分享的生活中茁壯成長的生命來說很重要。我們的悲傷是我們顯示彼此聯繫重要性的方式。

日本禪師釋宗演（Shaku Soen）為一位親近之人的死亡公開哭泣。一個旁觀者嘲笑他說：「你應該對要對生死的必然超脫才是。」釋宗演回應道：「正是因為允許我自然的悲傷反應，我才能超脫我的悲傷。」

「超脫」這兩個字意味著超越——我們所在的精神領域中。意識到對我們來說屬於自然的事物其實就是預示著我們身上超自然的事物，而這當然是一件令人高興的事。

## 凡人故事中的淚水

這些罌粟花瓣：
如此平靜地
凋落。

——越智越人（Ochi Etsujin）

在羅馬詩人維吉爾（Virgil）的《艾尼亞斯記》（*Aeneid*）中，英雄艾尼亞斯參觀了迦太基的朱諾神廟。他看到了一幅展示特洛伊戰爭事件的壁畫。在壁畫中，他看到自己在血戰中失去的同伴。艾尼亞斯喊道：「Sunt lacrimae rerum」——愛爾蘭詩人謝默斯．希尼（Seamus Heaney）將其翻譯為「在事物的中心必有淚水」。人類的經驗中蘊含著一種悲傷，因為一切都只是暫時的。

佛教將無常描述為「條件性存在的標誌之一。」無常反映了生命的一個核心特徵，那就是會有變化和結局，悲傷的引領者。沒有人能夠逃避與它們的相遇。沒有人被授予豁免失去的權利。沒有人可以說：「這種情況不會發生在我身上。」我們所有人都會受到同樣的不可預知性的影響。確定性是對永久性的嘗試，但它註定要失敗。事實上，永恆本身就與我們和萬物的進化衝動相矛盾。只有無常才能適應我們這個不斷發展的世界令人眼花撩亂的變化。

我們每個人有時都會感到不安全。完全安全也是對永久的嘗試。哀傷我們的損失，允許我們的不確定和不安全感，護送我們到達一個完全解脫的「是」的境界。一旦我們真正地、徹底地接受了關於無常的教導，哀傷就會成為一種精神修行。

關於前述艾尼亞斯的故事，是發生在眾神女王的神廟裡，當時艾尼亞斯正受到迦太基女王狄多的款待。因此，對英雄來說，無常的體驗是在來自神性女性和女性力量的安慰中發生的。他在賦予女性力量的懷抱中感受到了自己的痛苦。這也是我們在自己的悲痛中找到一個容納的地方。在神聖的女性力量的支持和加強的懷抱中，我們發現更容易對事情的方式說「是」，對無論多麼突然的結局說「是」，對無論多麼不公平的損失說「是」。

艾尼亞斯注意到，淚水無所不在。一旦我們看到我們身上的悲傷也存在於所有的大自然之中，我們就會找到最深的慰藉——也就是有所有的事物相伴。這種親密無間的感覺意味著我們的孤獨，意味著使失去親人變得如此可怕的孤獨的結束。反之，我們知道我們全都處於這個苦海中，所有的人類，所有的自然。不知何故，這使我們對結局和變化的「是」更加可以忍受，我們並非皺著眉頭，而是微笑著聳肩，甚至是虔誠地鞠躬。

> 在我的思想或內心每一次看似死亡之後，愛都會回來重新創造希望，恢復生命。在最好的情況下，它使生活中固有的悲哀變得可以忍受，並使其美感得到體現。它莫名其妙地拯救了我，為黑暗的季節和嚴峻的天氣提供了披風和燈籠。
>
> ——凱．雷德菲爾德．傑米森（Kay Redfield Jamison），《不平靜的心靈》（An Unquiet Mind）

# 第五章
# 憤怒的觸發點

我的舌將訴說我心之憤怒，
否則如果我的心將之隱藏的話，就會碎了。
——莎士比亞，《馴悍記》（The Taming of the Shrew）

我們突然對某人大發雷霆。我們的伴侶——也可能是我們自己——進行了憤怒的爆發。他們被一個小問題所觸動。我們意識到眼前的情況並不能代表反應的嚴重性。我們正處在觸發點的戰場上。

「憤怒」在字典中的定義是對不公平的事情感到惱怒。當我們被我們認為對自己或他人不公正、不公平的事情所觸發時，我們會有一種痛苦的感覺，也就是憤怒的反應。憤怒的感覺是正常的。當我們認為不公平的事情發生時，觸發憤怒的反應是合適的。正如我們將在本章中看到的那樣，我們要以非暴力和控制的方式來表達我們的憤怒。我們希望我們對公平的訴求能夠被聽見。唯有當與我們交流的人能夠聽見我們的感受而不感到害怕時，才能做到這一點。為了安全地溝通，特別是在我們的親密關係中，我們會找出我們的尊重、自我控制和適當地表達雙向的激烈感情的資源。這需要練習，而我們也將在本章中探討。

請記住，前額葉皮質會調節情緒，並將其調整為有效的決策。當我們被觸發到憤怒時，杏仁核就會啟動。它會掃描環境中的威脅，並啟動憤怒或恐懼反應，以便我們能夠有效地處理它。由於杏仁核也是我們早期充滿感覺的記憶庫，我們可能會感受到當前的威脅，其對我們的影響和我們還是無力的孩子時相同。當這種情況發生時，我們的認知過程將無法輕易地將觸發因素與資源連結起來，除非我們能找到被憤怒淹沒的心靈平靜。當我們的心態再次心平氣和的時候，我們就會找到我們的資源。這種技能是可以學習的。

## 是憤怒還是虐待？

我們可以將健康的憤怒——這是一種感覺——與虐待區分開來——這是一種發脾氣、

發火的戲劇化表現。前者總是在控制之中；後者則會失去控制。或許很難相信我們可以在生氣的時候保持冷靜，但當我們在日常生活中練習心態時，這是非常可行的。我們會變得善於以清晰的意識和冷靜的態度去體驗任何發生的事情，無論多麼令人不安。

我們在身體和感覺層面上對不公正做出反應——也就是說，我們會變得憤怒。但我們可以在一定的範圍內對他人採取強硬的態度，而非咄咄逼人。我們該用尊重的方式來表達我們對他們所做之事想道出的真相，這就是自信。我們不越過界線，用威脅、辱罵、嘲笑、敵意來攻擊他們，這是侵略——我們稱之為虐待。

我們有時會遇到別人的憤怒，有時會受到虐待。憤怒和所有的感覺一樣，是一種溝通的形式。但施虐者想要把一切都扔在我們身上——而非進行對話。憤怒會告知我們，好讓我們以熱烈的關切態度來迎接它，它讓我們有機會對話。辱罵的目的則是讓我們沉默，讓我們閉嘴。在自信的憤怒中，我們把那些行為激怒了我們的人當作同伴，而非目標。憤怒尊重平等。辱罵則是將他人視為憤怒的物件。

我們可能認為自己害怕憤怒，但其實我們害怕的是虐待。健康的憤怒會吸引我們的注意力，因此我們會參與交流。我們會專心傾聽，因為真實的感覺會同時讓我們的邊緣系統和前額葉皮質進行參與。但當我們被偽裝成憤怒的虐待轟炸時，只有我們的邊緣系統會做出反應。那麼我們就會處於警戒狀態。我們理所當然地擔心自己可能處於危險之中，擔心暴力會爆發。這種威脅感是恐嚇的結果。在這種情況下，這並不是真正的憤怒向我們襲來，而是一種旨在嚇唬我們的策略。我們被觸發了恐懼，處於防禦狀態。這是因為虐待是對抗性的，包括惡意、傷害的意圖。憤怒會保持善意同時說「唉喲！」，而我們的回應可能是「糟糕！」。這對雙方來說都是無畏的，從這種真誠的分享中產生了對話——而不是爭執。

憤怒宣告了某人所說或所做的影響，宣告了我們是如何被他觸發的。虐待是在欺負對方，而非打開一個入口，讓我們更了解自己的行為是如何落實的。這種理解對施虐者來說並不重要，重要的是他把憤怒發洩出來。

在施虐的方式中，我們會指責對方；在健康的憤怒中，我們為自己的感受負責。我們把觸發我們的那個人看成是催化劑，因為所有的觸發點都是催化劑，而非原因。觸發點並不是原因。我們之所以可以這樣體驗，是因為我們的憤怒是針對發生的事情，而非針對我們膨脹的自我是如何被刺破的。虐待是關於憤慨的自我，憤怒是關於我們是如何感受而受傷的。然而，既然瘀傷在任何互動中都可能是一種危害，我們就可以把它當作所有人類的必然。我們就不是那個憤憤不平的小我，注定要被束縛；我們雖然受傷，但依然能坦然面對。膨脹的自我認為自己有權利獲得充分的理由，這是一種為虐待辯護的方式。因為被激怒的健康自我尋求的不會是自我辯解，而是公平的聽證。我們不是自以為是，而是自我表達。

傲慢的自我覺得必須要挽回面子，報復那個觸發他憤怒的人。這是一種疏遠、分離的形式，在他自己和我們之間造成不和。這與我們在進化中的自然傾向是相反的，也就是應該要走向越來越多的聯繫。但施虐者與他人對立，憤怒的人則向對方移動。憤怒的人要的是和解，而非懲罰對方。目標是寬恕，而非燃燒的怨恨。這就是為什麼憤怒可以與愛共存，而虐待不能。在憤怒中，我們很不高興，但聯繫卻能持久；在虐待中，我們很不高興，聯繫卻被破壞。憤怒是最短暫的感覺；它在幾分鐘內上升、上升、下降。但在報復和怨恨的刺激下，虐待可以持續一生。

憤怒和虐待都包括悲傷。在每一種情況下，我們都會因為觸發我們的事而感到悲傷和憤怒。在健康的憤怒中，我們不僅會宣佈我們是多麼的憤怒，而且還會宣佈我們是多麼的受傷和悲傷。但施虐者害怕這種脆弱，他會隱藏悲傷，否認它，用嚇人的暴虐來掩飾它。令人費解的是，我們常用看似憤怒的東西來逃避憤怒的真實表達。在健康的憤怒中，我們會處理、處理和解決我們對觸發我們的人的不滿。而在虐待中，我們卻拒絕這樣做，寧可結仇。

雖然憤怒和虐待看起來有很多相似之處——例如，兩者都會臉紅脖子粗——但它們有一些明顯的區別。

在憤怒時，提高嗓門是為了強調，它的目的是為了引起我們的注意，以便我們能夠做出反應。在虐待中，我們聽到的是尖叫的聲音，目的是為了嚇唬我們。

憤怒時伴隨著話語的手勢是戲劇性的，但在虐待中，它們是威脅性的或身體上的侵犯。它們不是用身體來表現一種感覺的方式，而是身體上的姿態，甚至會出現攻擊。

最後，憤怒中隱含著對我們改變的要求。在憤怒、虐待的陰暗面，我們聽到的是一種要求，即要求我們改變，否則就讓我們好看。

左頁的表格一目了然地顯示了憤怒和虐待的區別。

| 健康的憤怒 | 虐待 |
|---|---|
| 以真實的方式表達一種感受。 | 戲劇性地大發脾氣。 |
| 對感受負責。 | 責怪對方。 |
| 可能會用脹紅著臉、激動的手勢、提高嗓門、尖銳的語氣來表達。 | 可能會用脹紅著臉、姿態兇狠、裝腔作勢、尖叫的聲音、刻薄的語氣等。 |
| 堅定而恭敬地說著「唉喲！」，同時尋求對話。 | 是侵略性和對抗性的，是基於惡意和意圖傷害的攻擊。 |
| 溝通、回報影響，以便與對方產生交流。 | 貶低、欺負或把一切扔在對方身上。 |
| 告知對方，使對方產生強烈的注意力，以便我們進行對話。 | 恐嚇、威脅並試圖壓制對方，因此唯一的安全方法是離開現場，直到事情冷卻下來。 |
| 是非暴力的，受控制的，總是在安全範圍內表現出來的（管理脾氣）。 | 暴力、失控、嘲笑、敵意和懲罰（發脾氣）。 |
| 尋求改變。 | 下令要求改變。 |
| 承認不公正是可以補救的。 | 抗拒補救。 |
| 始終保持善意。 | 對他人保持刻薄的惡意。 |
| 尋求問責和彌補，以澄清事情，從而使寬恕得以發生。 | 尋求報復，一直拿某件事去針對對方。 |
| 尋求相互的轉變。 | 試圖為自己辯解。 |
| 視對方為感受的催化劑。 | 認為對方是反應的原因。 |
| 不認為任何挑釁都能使虐待性反應合法化。 | 認為挑釁是侵略甚至暴力的正當理由。 |
| 包括悲傷並承認它。 | 包括悲傷，但卻掩蓋或否認它。 |
| 顯示出將對方視為同儕的尊重。 | 以對方為目標，表現出輕蔑的態度。 |
| 目的是為了建立更深更有效的聯繫：一個憤怒的人走向另一個人。 | 無論誰受到傷害都想發洩怒火：施暴者用反抗的態度面對對方。 |
| 是短暫的，讓人有一種了結的感覺（一閃而逝）。 | 耿耿於懷，如怨、恨、怨、苦（如熊熊烈火）。 |
| 與愛共存，維持聯繫。 | 取消聯繫。 |
| 是無畏的。 | 是以恐懼為基礎的。 |
| 是一種用精神意識來面對、處理、解決問題的形式。 | 是一種逃避自己的悲痛欲絕，拒絕解決問題以及在精神上得到成長。 |

## 憤怒的自我

我們檢視了自我是如何被喚醒的，是如何被感知到的輕視所觸發的。現在我們可以更仔細地看看自我是如何被捲入憤怒和虐待的。

健康的自我是我們內心的心態，它能正確評估並深謀遠慮地行事，從而實現我們的人生目標。膨脹的自我是以傲慢和權利為基礎的心態。當這種心態出現時，我們可能會面對的是虐待，而非健康的憤怒。

憤怒是對不公正的不滿。然而，除了正義問題外，當我們受到挫折時，我們也可能作出憤怒的反應。也許我們期望達到一個目標，但卻沒有達到。或者我們期望得到回報，但卻沒有得到。我們對自己沒有得到我們認為有權得到的東西感到不滿。這種挫折感可能是健康的自我反應的一部分。當我們感受到挫折、哀傷、試圖處理它、尋求一個正面的結果時，就會發生這種情況。但是，當膨脹的自我感到挫折時，它可能會變得刻薄——全副武裝而且危險。在這種心態下，我們可能會將矛頭指向那些與我們的挫折有關的人。我們可能會因此而責怪他人。然後我們表達的不是憤怒，而是虐待。任何人都會覺得這種以挫折為導向的方法很可怕，這種情況下的恐懼會煽動對方逃跑，這往往是最明智的做法，因為虐待是無法講道理的。

膨脹的自我害怕失去面子，因為那會導致羞恥，這種感覺是它無法忍受的。在自我的氣焰凌人、虛張聲勢和狂妄的背後，是對脆弱的恐懼。大多數人想像中，憤怒是在他人身上所見到最危險的感覺。其實，恐懼才是最危險的，因為恐懼更容易導致魯莽的反應——那種反應會變成虐待。當一個自負的人在要求上受挫時，他就會被激怒，認為自己有理由表現出憤怒甚至暴力。他用虐待和恐嚇的方式對他認為是罪魁禍首的人發難。舉個例子，當一個司機在車流中被人超車時，由於直接的危險感而感到恐懼，就變成了「路怒症」，而他可能會做出危及或傷害其他司機或他自己的反應。路怒症是對被認為是侮辱的觸發因素的一種反應。實際上，這是一種自我感覺受到恐嚇並進行報復的行為。

另一方面，健康的憤怒會導致短暫的爆發，然後了結。但當我們看著施虐者的眼睛時，我們看不到憤怒；我們看到的是恐懼。因為，最終膨脹的自我必須得到控制，如果他沒有得到他想要的東西，他將不得不感到悲傷。這種脆弱的前景是可怕的。這就是他向我們瞄準的斧頭下真正的恐懼。

膨脹的自我有一種超越普通權利意識的權利感。健康的自我則相信我們有權利，並準備為它們站出來。這些權利包括尊重生命的賦予，我們並不總是得到我們想要的東西。一個成年人知道生活並非總是公平的；膨脹的自我卻無論如何都要求要公平。一個成年人已經接受了這樣一個事實，知道人們並不總是忠誠和充滿愛的；自我膨脹的人卻要求每個人都對他表現出忠誠與愛——雖然他沒有義務對別人如此。一個成年人知道，任何事情都可能發生在任何人身上；自我膨脹的人卻堅持從那個必然中得到的豁免——最終從普通生活的所有必然中獲得豁免。這就是自我權利的意思。

## 我們為何恐懼他人的憤怒

正如我們在本書中所看到的，觸發點和反應就像一個硬幣的兩面。我們可以被觸發進入憤怒狀態：一個不公正的體驗可能是刺激；憤怒就可能是我們的反應。我們也可能被憤怒所觸發，然後我們的反應就可能採取安撫或逃避的形式。這兩種方式都與恐懼有關。一張憤怒的臉究竟為什麼會讓我們害怕呢？以下就是一些可能會觸發害怕的原因：

- 在我們的童年，我們可能只看到了虐待。這在我們的腦海中——杏仁核——成為憤怒的同義詞。當我們沒有健康的、非傷害性的憤怒模式時，這種情況就會發生。如果我們從過去的虐待經歷中遭受創傷後壓力，我們現在可能會對我們認為會爆發危險或傷害的事件保持高度警惕，即使只是最輕微的小事。在這種情況下，我們可能會成為討好別人的人。我們訴諸於安撫，而非對權力說真話。因此，我們害怕別人的憤怒，更害怕表現出自己的憤怒。

- 憤怒的感覺就像反對。這相當於疏遠、分離。由於我們是社會性動物，我們害怕被放逐出群體。我們害怕被遺棄在山坡上，而群落卻繼續著它的旅程。人們對被拋棄的恐懼超越了其他任何一種心理困境。被排斥意味著無法生存。我們可能會把憤怒——無論它是多麼理智和安全地表達出來——都理解成將我們置於嚴重的孤立危險之中。那麼，取悅就是生存，不取悅就是死亡。
- 我們曾見過惱怒的情緒會自我放大，並爆發成虐待。我們有時可能會是它的受害者。因此，我們可能，現在的所作所為，都是為了要能夠處於順境、讓步、得意地微笑、試圖討好。然後，我們可能會卑躬屈膝，任由那個憤怒讓我們恐懼的人擺佈。我們會失去自己的力量感和自尊心。然後，我們就會變成被動的人，而非冒險乘風破浪的堅強水手。
- 我們可能會迴避表達自己的憤怒，因為我們擔心如果我們表達了憤怒，對方會不再喜歡我們。我們沒有發現，健康的憤怒最終會使人們更加緊密地團結在一起，只有虐待才會使我們分開。真正的憤怒與親近共存，並能增進親近。當我們能分享我們的不快時，我們就是在分享我們的心。我們應該允許人類的全部感覺，在任何關係中都是合法的。
- 對憤怒的恐懼會引起信任問題。我們可能會害怕別人的憤怒，因為它導致我們感到不安心和沒保障。當有人帶著憤怒向我們走來時，我們希望它發生在安全和有保障的氣氛當中。在健康的關係中，我們可以說：「讓我們找出我們都害怕的東西，並避免以這種方式向對方表達。讓我們彼此保證，無論我們多麼憤怒，我們的聯繫都是安全可靠的。」

有些人害怕直接向我們展示他們的憤怒，他們可能就會進行被動的攻擊，會做一些讓我們不高興的小事或大事。例如，在對我們來說很重要的時刻遲到、完全忘記一個約會、讓我們嫉妒，因為他們故意對看起來像競爭對手的人表示關心。

當有人表現出真實的憤怒時，我們會感到安全，所以我們會留在原地：「你現在很生氣，但我會耐心聽你把話說完的。」但當有人辱罵時，我們健康的反應是離開現場：「在我看來，你已經越過了界線，正在向我發動攻擊，所以我現在要離開，等你冷靜下來再回來，這樣我們才能進行一次有用的對話。」

如果我們有能力的話，可以選擇另一種應對方式離開。為了解說這一點，讓我來提供一個六十年代發生的難忘例子，當時我在波士頓的一個義大利社區諮詢中心工作。一個粗魯的傢伙從街上跑進來對安東尼使用恐嚇性的語言和手勢。安東尼是一個在我們中心幫忙的當地運動員。安東尼並沒有接受過心理諮詢方面的培訓，但他對來訪者行為的回應讓我印象深刻，我至今還記得他的三句話。「嘿，老兄，我不希望你用這種方式來對付我。」他說：「你嚇到我了，我不喜歡被嚇到。你就告訴我你想要什麼吧。」

這些年來，我解讀了安東尼的話：第一句話設定了界限，但沒有攻擊性或批判意味。第二句表現出一種脆弱，但又包含著力量。第三句邀請對方更恰當地表達他的需求。

我認為這三個要素——設限、脆弱、邀請表達需求——是自信和非防禦性的健康組合。我建議現在用這種方法作為對憤怒的健康反應，如果我們已經建立足夠的自信技能來實踐的話。

請注意，安東尼是被觸發了恐懼，但既沒有用班門弄斧的自我，也沒有用安撫的方式來應對。他的反應是：一、使用非威脅的直接性，二、不退縮，三、創造一個有效溝通的機會。我們需要毅力和自尊來進行這樣的練習。當我們嘗試的時候，我們也會增加我們的毅力和自尊。

這個故事的結局是，我們中心的這位訪客沉默地回視著安東尼好幾秒鐘。然後，他確實問出了他想要的東西，而且態度很尊重。當然，侵略者並不保證都會如此回應，但當我們因為自己的行為令人欽佩而感覺良好時，別人對我們的回應就變得不那麼有分量了。

> 如果住在我們心中的憤怒被忽視，反而轉向外在的敵人，我們就會試圖消滅他們。這種行為並不是解決之道，讓我們調動慈悲和愛的力量，轉向內心，馴服我們心流的狂野流動。這就是菩薩之道。
>
> ——無著賢大師（Ngulchu Thogme Zangpo），《菩薩修行法》（Bodhisattva Practices）

## 嶄新的世界

一個新的時代正在到來。即使是勝利的教訓本身也給我們帶來了對未來安全和文明生存的深刻關切。透過科學發現的逐漸進展，戰爭潛力的破壞性，事實上現在已經達到了修正傳統戰爭概念的地步。……古往今來，人們試圖用各種方法來設計一種國際秩序，以防止或解決國家間的爭端。從一開始，就在公民個人的問題上找到了可行的方法，但更大範圍的國際工具的機制卻從未成功。軍事聯盟、力量平衡、國家聯盟，都相繼失敗了，唯一的途徑就是經由戰爭的考驗。現在，戰爭的徹底破壞性使這一選擇黯然失色。我們已經有了最後的機會。如果我們現在不制定一些更偉大、更公平的制度，世界末日就在我們門前。

——麥克阿瑟將軍（General Douglas MacArthur），在日本投降後於密蘇里號戰艦上的收音機廣播，二次世界大戰正式結束（一九四五年九月二日）。

我們來到這個世界上，並非一片空白，而是帶著一些設定值，一些自然的本能，已經預設在我們的心理。這種人類基因庫當然有令人歎為觀止的積極品質。例如，我們可以在苦難中找到救贖的價值。我們可以無條件地彼此相愛。我們可以勇敢地站出來維護自己和他人的權利。我們可以找到實現和平的方法。我們可以關心自己，關心彼此，關心地球。我們可以做到公正，甚至慷慨。這些都是我們身為人類的寶貴資產和潛力的例子，是我們在周遭世界中共用的資源。

然而，一切並非都是美好和光明的。

我們提醒自己，我們也有可能成為仇恨的獵物或加入私刑暴徒。這告訴我們，我們的內心深處有比佛性或基督意識更多的東西。我們不能忽視我們持久的攻擊性潛力，也就是我們前面所說的健康憤怒的陰影面。知道我們有這種傾向後，我們就會對自己保持警惕，並鼓勵自己練習在所有的交往中表現出溫柔的愛。這是我們抵禦內心和來襲黑暗的唯一防線。

的確，這個基因庫有一些嚴重的先天缺陷。

我們有集體的陰影面，對傷害或袖手旁觀和允許邪惡的傾向。我們身上的這種負面陰影能量已經包括，並且依然包括戰爭、酷刑、種族滅絕、仇恨犯罪、報復、壓迫、奴役、貪婪、虐待地球，以及無數形式的暴力。面對這些嚴酷的侵略例子，我們可以選擇善良，加入那些站在正義和有益的事情上的人。另一方面，我們有時也會加入邪惡勢力，甚至迫害堅持善良的人。

在集體的基礎上，一些負面陰影的內在傾向被固定在我們心理的結構中，作為我們人類遠古祖先的遺產。數千年來，這些設定已經進化，以便更複雜的社會能夠生存。然而，它們在許多層面上仍然是原始的和基於恐懼的——例如，在面對衝突時，讓我們來關注其中兩種幾乎普遍存在於個人、群體和社會中的侵略傾向。

**一、透過懲罰的威脅來維持秩序。**在一個社會中，如果沒有制裁措施來維持秩序，秩序往往會崩潰。我們大多數人似乎都需要懲罰的威脅作為遵守社會所有規則的動力。我們也將懲罰和報復的集體做法帶到我們的個人關係中。這是很可怕的，因為人類可能就是這樣變得野蠻的。

**二、形成小群體和排外。**我們知道我們正在向更多的聯繫發展。人們確實在社會中不斷形成緊密的聯繫，但他們大多是在自己的社群內——而非以擁抱整個人類的方式。我們與那些和我們一樣的人或者喜歡我們喜歡的東西的人聯合在一起。我們強烈地忠於「自己人」，並傾向於貶低甚至傷害那些與我們不同的人。我們加入那些與我們有相同想法和行為的人；我們害怕和排斥那些與我們不同的人。

精神領袖已經出現，向我們展示了另一種選擇，那就是博愛。我們需要這樣的導師，否則我們將沒有任何方案可循，只能遵循社會進化的兩種恐懼模式。因此，當我們有意識的進化目的是為了喚醒我們的佛性或內在的基督時，上述兩種傾向都可以被轉化。我們就會成為深具人性的人，而不只是人類。有了靈性的取向，我們就可以選擇從原始的懲罰和排外風格進化成一個博愛和關懷的社會。

負面的傾向在我們身上，恐懼會把它們帶出來；積極的傾向也在我們身上，而開明的意識則會將它們帶出來。

以無條件的聯繫作為進化的模式，我們就能成為一個覺醒的人類，一個致力於建立一個友愛世界的人類。然後，我們尋求改造那些出了問題的人，而非對他們進行報復。我們要的是和解，而非報復。

我們感受到對全球人類的普遍忠誠，而不僅僅是對我們內部群體的忠誠。我們尋求的是讓每個人都參與進來的方法，而非讓一些人被排除在外的方法。我們想成為像我們所崇拜的、關懷的聖人和英雄一樣的動機，已經取代了我們停留在常年原始模式中的動機。如此一來，我們才是真正進化的人類，而非簡單地滿足於生存的群體，卻不關注誰受到傷害。

我們人類若只基於生存的進化給我們帶來的好處，沒有任何其他好處，那麼對於創造一個更美好的世界就會是沒有多大希望的。然而，由於我們也能獲得恩典——超越自我的援助——我們可以喚醒我們基於成長的進化衝動。然後，最佳的連通性就會蓬勃發展。這將需要我們致力於活出佛陀、耶穌、甘地、達賴喇嘛的教誨，才能在我們今天的世界中看到這種團結。而現在我們知道為什麼了：

- 當進化的方向是持續存在時，它的目標就只是讓那些最適合身心成熟的人——只有我們當中的一部分人——生存下來。這就產生了我們現在的世界。
- 當進化的方向是關懷聯繫時，它的目標則是那些最適合身體、心理和精神成熟的人的生存——也就是我們所有人。這可以產生一個正義、和平與愛的世界。

我們和地球的希望是基於萬物的進化性。所有的一切都會走向成長，有一個發展的方向。

當我們進入這個成長弧線時，我們就會建立起我們的希望。這樣的進入就是擁有一種進化的靈性。我們做靈性的修行，不是為了讓自己獲得功德，也不是為了比別人更有悟性。我們的整個靈性覺察和修行計畫是以慈心為本，同樣對每個人，就像對我們自己和我們個人所愛的人一樣。

我們正在做進化論所做的事：不斷擴大圈子，把所有的生命和地球都納入連接和合作的範圍。我們每個人在關係、事業和滿足渴望方面都有一個人生目標。我們在進化的目的中都有相同的目標，共同創造一個正義、和平與愛的世界。

愛是最普遍、最偉大、最神秘的宇宙力量。愛是最原始、最普遍的心理能量。愛是一種神聖的能量儲備，它就像精神進化的血液。

——德日進（Pierre Teilhard de Chardin），《大地的精神》（The Spirit of the Earth）

# 第六章
# 恐懼的觸發點

恐懼是心靈殺手。恐懼是帶來徹底泯滅的小死亡。我將面對我的恐懼。我將允許它從我身上經過和通過。當它經過我時，我會轉身去看恐懼的路徑。恐懼走過的地方，什麼都不剩了。只有我還會存在。

——法蘭克．赫伯特（Frank Herbert），《沙丘》（Dune）

觸發點往往會引起我們的恐懼。恐懼是我們建立和獲取內在資源的一個核心障礙。有些恐懼會欺騙我們，讓我們相信自己沒有內在資源。我們可以理解為什麼我們大多數人都會被許多、太多的恐懼所擺佈。我們從我們古老的祖先那裡繼承了恐懼，因為我們的祖先之中有恐懼的人才能活下來。例如，對蛇有恐懼感的人活了下來，那些好奇心強的人則死了。因此，人類對蛇的天然厭惡，為了生存的緣故，在我們後人身上烙下了印記。我們永遠都會有這樣的原始恐懼，這些恐懼是我們從克羅馬儂人的祖先那裡繼承來的。它們駐留在我們的杏仁核中，這是我們大腦中原始的爬行動物部分，保存著遠古時代和童年時的恐懼。在我們的例子中，我們繼承了對可能真正危險的東西的現實恐懼和謹慎。事實也是如此，祖先們在面對恐懼時有勇氣，同時也謹慎，他們生存了下來，並且茁壯發展。我們則繼承了這種平衡。

我們希望保持現實的恐懼。然而，我們也有毫無根據的恐懼。我們會想像著根本不存在的威脅：預測或害怕永遠不會發生的結果，害怕那些並不可怕的事情。我們的目標並非要擺脫這樣的恐懼。我們的目標只是不要對它們採取行動。我們無需讓它們阻止我們按照自己最深層的需求、價值和願望生活。我們無需讓它們把我們推向自我貶低或自我限制的行動。當我們以這種方式強大起來的時候，我們就已經獲得和恐懼一樣深藏在我們體內的勇氣。相信自己確實是有勇氣的，就會建立起自我信任，這是面對任何引發恐懼的核心內在資源。

毫無根據的恐懼會在我們豐富的想像力中茁壯成長。我們會鼓吹思想描繪由於某些觸發事件可能發生在我們身上的嚴重後果。我們大多數人都很善於以更離譜的方式想像最壞的情況。令人悲傷的是，我們注意到我們的奇妙的內在資源——想像力，有多少被用於助長我們的恐懼。如此多的創造力大可以投入到令人興奮的想法和非凡的創新中。因此，努力放下恐懼將是一條新途徑，通往以新發現的勇氣和萬花筒般的多樣性來裝扮我們日常生活。

當恐懼支配著我們時，它就會使我們對自己的全面體驗短路。恐懼使我們失去了做自己的自由。因此，恐懼就是懷疑我們自己的力量，阻礙我們的力量，使我們的全部人格受到壓制。我們有時害怕擁有力量，而這更進一步剝奪了我們的權力。我們相信我們沒有內在的資源——也就是說，我們要聽從觸發點的擺佈。大多數的恐懼是害怕我們精心構築、不斷加固去控制感情的堡壘會倒塌。我們真正害怕的是無法控制的身體感覺和反應，這些感覺和反應將伴隨著從恐懼和創傷中釋放出來。

當我們專注於對人、感情和事件的控制，又有無法控制的事情發生時，我們就會讓自己陷入擔憂。這種擔心是我們為多年來為確保自己能夠控制而付出的代價。但另一種面對的態度可以是交出控制權，對兩個簡單但不受歡迎的必然說「是」。首先，我們接受這樣的事實，也就是我們並不總是能夠控制結果，所以明智的做法是投入一些精力，為這種可能發生的情況設計一個方案——比如說，決定「順其自然。如果我不喜歡事情發生的方式，我會悲傷，然後讓事情發生方式變得最好。」其次，我們可以相信，無論發生什麼，都會給我們提供一個機會，讓我們愛得更多，恐懼得更少。那麼我們的行事方式就是簡單地去感恩。

## 欲望與恐懼

關係喚起欲望。欲望的種類很多，基本上可以分為兩類。單一層次的欲望是只關於物體的：「我需要一個手電筒，讓我去露營的時候可以用。我想要這個，當我擁有它時，我就會滿足。」我們的欲望是直接的，是可以滿足的。多層次的欲望是關於比物體更多的東西：「當我孤獨寂寞的時候，我需要一份宵夜。我想要的比我認為需要的更多，然後我無論如何都不滿足。」（對手電筒的欲望不會出現這種情況！）我們的欲望是複雜的，無法滿足的。

有了多層次的欲望，我們可以馬上問：我們在追求什麼，我們在逃避什麼？同時感受到這兩點也是造成成癮的基礎。我們在尋求某種形式的滿足的同時，也在逃避一些東西，我們同時感受到欲望和恐懼。這就是為什麼成癮如此令人困惑的原因。它把恐懼和欲望混合在一起，從而阻礙了我們的發展。

比方說，我們對性有一種上癮的欲望。它是一種強迫性的，在我們的生活中具有很多層面的意義。我們健康的野心不僅僅是為了生理上的滿足。其實我們可能是在尋找五A中的一種或多種——關注、接納、明白、感情、允許——我們在早年生活中的原始需求，以及一生中愛的成分。例如，我們渴望父愛，渴望與五A的相守，渴望安全感和保障。我們想要一種「陪伴」的體驗，而這種體驗我們沒有從爸爸那裡得到。我們現在尋找這種愛，然而是透過性愛，而非透過持續的承諾親密關係。當我們找到這種感覺時，我們會感受到多巴胺，獎勵的賀爾蒙，在我們體內流動，而這也助長了上癮的輪迴。

然而，我們的成癮也是為了逃避：我們害怕可能為我們帶來真正需求滿足的親密聯繫。我們更喜歡的是多巴胺而非催產素。我們將恐懼和欲望結合在一起，將我們深沉而古老的渴望性愛化，而非去相信我們可以在關係中找到它。此外，我們可能只被那個可以進行這種捉迷藏遊戲的人所吸引，那個和我們有同樣目的的人。他或她是那個非常願意和我們一起「玩」這一切的人。我們這些依賴者和被依賴者很容易就能找到對方。

因此，我們利用性來獲得我們所追求的東西，避免我們所害怕的東西。如何避免呢？我們會去選擇刺激的性活動，而非滿足的性聯繫。我們尋求的是腎上腺素和過量的多巴胺，而非催產素。

神經可塑性是關於積極變化的好消息。但當涉及到多巴胺的釋放時，同樣的可塑性也會讓我們變得不那麼靈活，不那麼容易找到新的思考和行動方式。多巴胺與獎勵、快樂、有時是虛假的控制感和信心有關。當我們成癮地尋求多巴胺時，我們就會預先關閉我們超越它所提供的機會，也關閉並以更全面的方式繼續生活的機會。我們會陷入一個輪迴回饋系統，凍結我們的選擇。

在這個例子中，對父愛或母愛的渴望也會讓我們尋找一個年長的男人或女人當作伴侶，我們會想：「我所吸引的這個人不是會給我所追求的東西，就是會拒絕我，就像爸爸（或媽媽）那樣，也可能不是。」或者我們可能想要一個年輕的男人或女人，那麼我們自己就會成為親切的父親或母親形象。「我向這個人展示我想要的東西，而不是要得到它。然後我會藉由給予來得到它。」為什麼要找年輕的而不是年長的？可能是因為和年輕的人在一起交易感覺更安全。

從我們的行為中看到這一切，我們的挑戰是對自己和他人有無條件的同情心。我們也可以深入到自己的困境中去問這個問題：我也害怕父愛或母愛嗎？

最後，接受和拒絕都可能成為我們自我賦權或失權的觸發點。當我們被某人接受時，我們會覺得自己很強大，這可能會導致自我膨脹。當我們被拒絕時，我們會感到自己的力量被削弱，這種體驗會使我們的自我洩氣。現在我們可以理解，為什麼拒絕對我們的打擊如此之大，而接受的感覺卻如此之好。在某種程度上，擁有權力就是擁有身份，沒有權力我們就什麼也不是。諷刺的是，在佛教中，放手做人是一種覺悟，但在小我的世界裡卻是一種可怕的損失。

## 當親密感變得可怕

為什麼親密關係如此可怕？可能是因為它邀請我們進入無畏的脆弱、無畏的交出自我、無畏的信任（即使證據很粗略）、無畏的放開控制、無畏的願意被看穿，一直到自己的底層。我們面臨的挑戰是，將我們寧願隱藏的部分全部揭示出來，並將它們置於全然的視野中。

相互關聯，深層聯繫，有一種令人欣慰的感覺。然而，它卻喚起了我們矛盾的感情。我們大多數人既渴望親近，又害怕親近。我們從威廉・渥茲華斯（William Wordsworth）在〈丁頓修道院〉（*Tintern Abbey*）中聽到了這一點：

「更像一個
從他害怕的東西中飛出來的人，而非一個
尋找他所愛事物的人。」

在親密關係中，對親密關係和承諾有一些矛盾是正常的。因此，我們會尋找漏洞；我們偶爾會弄虛作假。無條件當然不可能一直存在，只可能在某些時刻存在。我們可能永遠找不到親密和承諾所要求的完全無畏。但我們不會想用這種認知來將我們的恐懼合理化。

反之，我們可以進行一些能讓我們前進的練習。我們可以在我們的關係中表現出越來越多的透明度。我們可以承認我們的恐懼，我們可以支持對方克服恐懼。我們可以每天對更多的親密感和更深的承諾敞開心扉。作為邁向完整關係的第一步，我們甚至可以放棄努力做到完美。

我們發現信任他人是很可怕的——儘管信任是愛的一個基本要素——因為背叛的可能性讓我們害怕。我們對信任的恐懼也是對脆弱的恐懼。這可能會阻止我們獲得我們所渴望的愛。可悲的是，最能表達我們是誰的信任——也就是人與人之間的聯繫——竟然會在同一時間如此強烈地讓我們感到害怕。我們的自我相信自己的利益才是最重要的。如此一來，我們就錯過了重點。我們沒有意識到，這種基於恐懼的態度會破壞實現能夠真正使我們完整和快樂的東西的可能性。

當我們害怕親密感時，我們就會成為疏遠的專家：

我不表現出我的脆弱。

那會讓我更令人喜歡。

然後親密感就會發生。

那是很可怕的。

所以我的安全感在於不脆弱。

我已經完全回到一個封閉的心。

在這種奇怪的困境中，想要和需要的東西，我們也在害怕和逃避，親密感成為一種觸發點是可以理解的。恐懼可能聽起來是這樣的：「在這段關係中，你要求的是我一生都在害怕的東西。」

讓我們仔細研究一下，當我們害怕被吞噬的時候，可能發生了什麼：這可能是對童年創傷經歷的一種回溯，也就是當我們被父母過度控制或監管的時候。它也可能是對父母如何用侵入性的感情悶死我們的回憶。我們無法建立一個界限，保護自己。親密感和無力感之間的聯繫導致了一種觸發。我們現在仍會被親密感所觸發恐懼，即使它被適當地表達出來，因此我們的反應是逃避它。

表面上看來，這似乎是一種被吞噬的恐懼和防禦。然而，更微妙的是，這可能是我們在利用恐懼讓人們遠離。我們可能會以這種方式利用恐懼，而非進行限制設定，這是成人處理親密關係的方式，而這對我們來說變得不舒服。但是，如果我們能對自己的舒適圈有自信，我們就不必再將他人拒於千里之外。我們可以直接讓他們知道我們的界限。我們可以告訴他們，對我們來說，多少和什麼樣的親密感是可以接受的。那麼我們在真正保護自己的同時，也能讓我們渴望的親密感得以實現。我們不再需要用恐懼作為一面牆來阻擋我們最終想要的東西。

我們也可能因為必須做出承諾而被觸發。我們可能會因為注意到一個人對我們做出承諾而觸發恐懼。我們可能會覺得這讓我們陷入困境。我們可能會感到被吞沒、有義務、有虧欠——在任何關係中這些都是強大的觸發點。我們害怕失去自由。我們對這種觸發點的反應可能是避免完全承諾，找到擺脫這段關係的方法或緩衝它對我們影響的方法。我們小心翼翼地避免雙腳深陷入這段關係中。

在許多關係中，例如總會有一個第三方，發生了一些事情（無論有無被注意到），阻止或保護我們去完全承諾。它可以是一個人、一件事，或一個持續的觸發問題。在每一種情況下，伴侶們都會因此讓自己與對方保持一步之遙，因為他們必須把注意力放在這個卡在他們之間的東西上。這個第三方是一個緩衝器，既可以防止親密感，也可以防止承諾。

這種緩衝可以有多種形式：尚未完成手續的離婚、金錢問題、成癮、正在進行中的外遇、未滿足的需求或期望、無法解決的衝突、怨恨、或有需求的孩子、父母或前伴侶。第三方也可能是伴侶之一過去未解決的問題——例如，曾被背叛的伴侶對現在早已結束的婚外情的怨恨依然存在。這個第三方的存在需要太多的關注，以至於它實際上成了關係中的另一個成員。伴侶們再也不只以夫妻的身份去面對生活，而這種前景實在太可怕了。伴侶之間的那個存在，讓他們無需去感受和面對那種恐懼。例如，我們可以利用外遇去避免親密感（也就是恐懼層面），又可以用非承諾的方式去尋找親密感（也就是安全層面）。

緩衝的存在也是為了讓伴侶在一段行不通的關係中待得更久。幻影伴侶——第三方、事件或事物——使難以忍受的共同生活變得可以忍受。例如：「只要我們專注於兒子的毒癮，我們就不必去注意和處理自己的問題。」我們不禁注意到關係中的這個問題和政治中的情況有相似之處：「只要我們專注於對外戰爭，我們就不必承認、關注和處理我們的國內問題。」

當我們害怕關係中的親密感時，武器化是保持距離的另一種微妙方式。例如，羅賓有一個習慣，當阿德里安想說話時，她就會切斷交流。阿德里安願意忽略這一點，因為這給了他日後能夠使用的彈藥。他可以因為羅賓不聽而對她產生怨恨，並覺得自己有理由做出單方面的決定，並將其保密。阿德里安覺得這樣做是有道理的，因為他認為羅賓無論如何都只會對他的想法不屑一顧或打折扣。

為問題爭執的夫妻要的是親密感。所以，另一種選擇是尋求公開的溝通。如果這成為阿德里安的方式，那麼一旦討論結束，他就可以公開肯定自己的決定——「我要這樣做」。這將無需被掩蓋起來，它會被人知道，成為下一件要處理的事情。想處理事情的夫妻會一直在一起。這就是我們有些人真正害怕的事情嗎？我們真正的目的是什麼，是無畏的親密還是基於恐懼的逃避？

在一些親密關係中，我們會發現自己如履薄冰——也就是害怕再次被觸發，對相處中持續的觸發點感到焦慮。如履薄冰是一個信號，表示觸發點發生得太頻繁。可能是一方知道對方的恐懼或觸發點，利用它們來操控他。製造薄冰地面的那一方是在保持距離，行走在冰上的那個人則是在忍受恐懼。

同理，隨著我們對自己的觸發點越來越熟悉，我們可能會發明複雜的策略來避免它們的發生。例如，我們可能害怕某人的憤怒或不贊同。然後，我們就會安撫或討好，以免讓他或她不高興。後來，我們可能會因為自己的膽小或順從而感到羞愧。於是，我們會對對方感到憤怒，因為我們認為自己是被迫做了自己不想做的事——儘管這一直是我們的選擇。其實，人類的旅程本來就是從父母這個老闆指揮我們的行動，到出現一個熱愛平等的夥伴或朋友。人際關係越是平等，觸發點就越少。

最後，我們可能會利用恐懼作為一種保護手段，因為我們還不知道是否可以信任未來或現在的伴侶。恐懼提供了一個緩衝，一個邊界，使我們不至於做出草率的決定。這種不情願的恐懼使我們不至於跳進對自己不利的事情中。我們可能會以同樣的方式使用憤怒或持續的怨恨。當我們衝動的心可能愚蠢地過於接近可能刺痛我們的事物時，它們就跳出來讓我們保持距離。

## 有助擺脫恐懼魔掌的練習

哪怕是一點點的進步，也是徹底擺脫了恐懼。

——《薄伽梵歌》（Bhagavad Gita）

恐懼使我們相信，除了我們想像中等待我們的災難外，沒有任何出路，沒有任何策略可以使我們擺脫恐怖的頑固控制。我們實際上是在頑固控制下，把自己捆綁在只有一種意義上，相信只有一種有效的解釋，想像只有一種可能的後果。這就是恐懼的生長方式。我們無法看到所有的思想，尤其是基於恐懼的思想都是偏頗的，但在我們固守的一朵雲背後，明明隱藏著一片充滿可能性的天空。歸根結底，是受限的想像力導致我們的恐慌。恐懼之所以如此讓我們喪失自信，是因為我們妄想其後果是不可避免的。

以下簡單的四步驟練習可以在我們感到自己被觸發而產生恐懼反應時，成為一種增強能力的資源：

**步驟一、**向自己和你信任的人承認你「害怕」。用這個字眼，而非「不舒服」或「有點不安」這樣的委婉說法。

**步驟二、**允許自己充分感受到自己的恐懼，不要逃避、否認或分散注意力。

**步驟三、**假裝或信任地接受。在這一個步驟，我們有兩個選擇：

1、假裝：如果我們所害怕的事物是我們可以改變的，我們就裝作好像我們的恐懼沒有力量驅使我們去做某事或阻止我們做任何事情。這並不是在裝模作樣，而是以一種新的方式行事。不顧恐懼而行動，就是勇敢。我們將永遠無法阻止自己感到恐懼。但我們也無需被恐懼所欺負。

2、信任地接受：如果我們害怕的是我們無法改變的事情，我們就接受這個事實和結果的不確定性。我們接受我們無法控制的事實，我們信任當結果發生時，我們的內在資源會發揮作用。

當我們對可能發生的事情感到恐懼時，這裡有一個身體練習，讓我們能夠以信任自己的方式接受：我們用手溫暖而輕柔地握住我們身體上感到焦慮的部位——例如，胃部或喉嚨。我們深呼吸，每一次吸氣，我們都默默地說：「對現在和可能發生的事情說『是』。」這是對已知事實以及未知結果的接受。在吐氣時，我們默默地說：「我相信自己能處理好任何事情。」我們重複這句話，直到我們平靜下來，然後最後再一次吸氣和吐氣。

以下是一個結合「假裝」和「接受」步驟的例子。你的醫生建議對一種嚴重的疾病進行檢查，但你害怕接受檢查。在這裡，你「假裝」或「表現得讓」恐懼無法阻止你，於是你去進行了檢測。然後你在等待結果，並且害怕結果會是什麼。在這裡，你使用了「信任地接受」的技巧。

**步驟四、**在當下肯定自己的勇氣。本書末尾附錄中的任何或所有的誓詞都對練習有很大的幫助。在這裡，你有兩個目標：肯定自己的勇氣，以及讓自己對害怕的東西感到麻木。

> 你的威脅並不可怕……
> 因為我的誠實是如此的強大。
> 它們從我身邊走過，如同閒置的風。
>
> ——莎士比亞，《凱撒大帝》（Julius Caesar）

## 正念和慈心能帶來無畏

恐懼觸發我們執著於可能令我們喜悅的事物，或逃避可能傷害我們的事物。然而，佛教的教義——也就是佛法——幫助我們獲得內在的資源，使我們從這些強迫中解脫出來。

舉例來說，我們很自然地會抓住和抓緊對我們有吸引力的東西，而拒絕和逃避沒有吸引力的東西。吸引和排斥是我們所有人經常的觸發反應。佛法提供了一種新的回應方式——不執著、不逃避。我們不執著於吸引我們的東西，也不逃避令我們厭惡的東西。我們只是注意到我們所面對的事物的形狀，注意到我們的觸發點和本能反應，然後放手，不必選擇其中一個選項。我們持有我們的經驗，而非抓住或被它抓住。例如，即使我們的關係是安全的，但我們對於被拋棄的持續恐懼迫使我們不斷向伴侶尋求保證。在正念中，我們就只是注意到我們的恐懼，並放棄去檢查——除非出現真正的拋棄證據。我們不試圖透過從外部尋找保證來緩解我們的恐懼。我們從我們的前額葉皮質見證，而不是從我們被觸發的杏仁核做出反應。正念提供我們一些東西來處理我們的焦躁情緒。我們不再受觸發點的擺佈，因為我們是它們的見證者。下一步最好的辦法就是用慈悲甚至是娛樂的態度來看待它們。

西格蒙德．佛洛伊德（Sigmund Freud）在他的「給醫生的關於精神分析治療法的建議」中描述了相當於我們所說的正念：「不遺餘力地將注意力集中在任何特定的事物上，並對所聽到的一切保持同樣的平和、安靜的關切，均勻的注意力。」在這種正念中，我們注意的是思想和感情在自己身上的流動。我們允許它們從我們身邊流過，而不會停下來審視、判斷或娛樂它們。當我們真正心無旁騖地置身於當下，它們就不可能繼續堅持下去。矛盾的是，透過不做出反應，我們在用我們的投射、欲望、恐懼、附加物來裝扮它們之前，對事物和事件本身的認識就會增長。這就是心智如何幫助我們感到麻木。我們不再被我們的渴望和厭惡所觸發。我們從對觸發點的反應轉變為對外面和自己身上發生的事情的純粹察覺。很快地，觸發點就會顯示出它們的真實面目：我們要看的是事實，而不是要抓住或逃避的自我構築的虛幻。

恐懼——和自我懷疑——就像天氣，而非軟禁手段。無論條件如何，它們都不會阻止我們去做當天必須要做的事情。恐懼是一種氣氛，不見得是干擾。

正如我們前面所說的，佛教教導我們透過不執著於短暫的事物來避免痛苦。然而，在我們的慈心修行中，我們依然可以在苦難中愛自己和眾生，有時甚至比一切順利時更愛。那麼，我們為什麼要把這麼多的精力放在逃避痛苦上呢？只要愛在我們的痛苦中是可能的，苦難就是一條通往深度、慈悲和救贖的道路。

愛是恐懼的解藥。當我們的愛靠得更近，走得更遠時，我們的感情就會充分展現。我們愛自己，就會把愛的圈子擴大到包括所有的眾生。我們如何讓愛靠近自己，並讓它延伸到更遠的地方給他人？佛教提供了慈心的修行，又稱為「metta」——也就是巴利語中的仁愛、善願。

一個簡單的入定技巧，就是把自己想像成同心圓的中心，來練習慈心。第一個也是最裡面的圓圈，在我們身邊或周圍，包括我們個人所愛的人——例如，家人、朋友或伴侶。往外走，下一個圓圈是由我們對其感到中立的人組成。下一個圈子包括和我們認為難相處的人、敵人、對手。最後一個外圈包括所有的眾生。我們將我們的愛平等地傳遞給每個圓圈中的人，從自己開始「願我快樂」，然後是「願我愛的人快樂」，以此類推。我們可以每天都使用這個練習。我們由此發現個人的愛可以是「更多」的——也就是說，它可以是無限的、無條件的。現在我們已經找到了治療恐懼最有力的藥方。就是這種愛的普遍性。此外，我們可以注意到，我們的無意識有時會做到 metta，表現出慈心。例如我們做了一個夢，夢中我們對敵人採取了善意的行動，或者被離開我們的愛人擁抱。

當我們從事佛陀所教導的慈心修行時，我們也找到了一種與自己的佛性相通的感覺。我們可以感受到我們的佛性是一種比自我更高的力量，卻也是平凡的。當佛陀說：「成為你自己的庇護所」時，「你自己」就是你自己本身，在你最好或最壞的時候。我們真正的庇護所並不是我們完全開悟的完美本性。它只是我們日復一日的存在，是一個接一個的錯誤。因此，我們的佛性是一個庇護所，一個存放我們的錯誤和錯失的愛的機會的地方。有了我們的佛性作為這樣的一個存放處，使得我們的不足、錯誤、漂泊不再是可恥的。我們還記得，「庇護所」這個詞的意思是「飛回來」——對於我們回到自我本身是再適切也不過了，而這個回歸原來就是開悟的寬敞宮殿。

我們的心智並不具備認識無限的能力，但當我們放下自我，坐在真諦的寂靜中，並表現出無條件的慈心時，我們就能觸摸到它。事實上，佛性被描述為慈心、喜樂和平等——

所有的精神內在資源。當我們相信萬物的真諦——佛性，並將自己視為佛性的參與者時，我們就有了所有這些精神資源可供利用。且任何人類曾經擁有的每一種資源都是可以利用的，是希望的基礎，是自我信任的基礎。

有信仰的人可以向上帝求助，上帝也被描述為在我們周圍和我們內心的一體。我們看到班傑明・富蘭克林（Benjamin Franklin）在一七八八年的一封信中描述了這種內在的神性：「我們有一部憲法，我希望未來的世代能夠改變它的思想，並為自己創造一個地方，在那裡，生命可以試驗它的真實性，而人類可以在人性中發現他們的神性。」因此，我們去尋找神性——不是從上天那裡去尋找，而是當作一種內在資源般去尋找。

最後，左表的概述對我們在這三章中所探討的哀傷、憤怒、恐懼三種感覺進行了總結，並對它們在觸發體驗中的表現進行了描述。

| 當我們被觸發： | 我們可能會產生的感受： | 我們的資源是： |
| --- | --- | --- |
| 失去。 | 哀傷。 | 悲傷與放手。 |
| 不公正或挫折。 | 憤怒。 | 健康的憤怒而非虐待的做法。 |
| 威脅或危險。 | 恐懼。 | 感受我們的恐懼，同時不被恐懼所驅使或阻止，並肯定我們處理恐懼的勇氣。 |

第七章

# 感情關係的觸發點與資源

戀愛關係中的伴侶會自然而然地互相觸發。這是因為我們對伴侶的選擇與我們過去的移情有很大關係。我們常常會不自覺地選擇讓自己想起與我們有未完成情感事物的父母的伴侶，希望在成年後解決在童年無法解決的問題。我們常常會被伴侶的一些言行所觸發，因為它重新點燃了我們過去的虐待、痛苦或未完成的情感問題模式。我們可以說，部分觸發了整體。這就解釋了為什麼我們的反應會過於誇張。它也向我們展示了觸發點所指向的真正問題：我們需要對自己的過去努力。當我們努力這麼做時，我們依然會大聲說出在關係中觸發我們的原因。但是我們以一種實事求是的方式來做。我們是在報告一種影響，而非堆砌指責和傾訴，不是去觸發我們的伴侶，而是與他溝通，而這是一種愛的行為。

我們不必在人際關係中回頭去扣上扳機，我們可以擺脫被扳機（觸發點）擺佈的命運。健康溝通的基本特徵就是了解彼此的觸發點。我們從關係一開始就告訴對方我們的觸發點是什麼。然後我們的伴侶可以避免去觸碰，或者他或她可以幫助我們解決自己過去的問題，也就是那些會啟動我們的觸發反應的問題。

一旦我們知道對方的觸發點，我們會同意不去觸動它們。這樣可以建立信任。「我可以脆弱地告訴你我的觸發點，我的按鈕是什麼，而你不會使用這些資訊來觸動我的按鈕。」若知道對方的觸發點是什麼，卻利用這些資訊來操縱或挫敗對方，這是一種毒性的夥伴關係，而非一個愛的人的方式。

我們可以區分兩種特別在關係中出現的觸發點。第一種觸發點是伴侶故意觸發惹惱或傷害對方，具有惡意或刻薄的意圖。在這種情況下，進行觸發的伴侶事後可能會感到適當的內疚，而進行補償。第二種觸發點只是生活中的一種必然，任何關係中都隱含著這種可能性。例如，一方宣佈她想分手，另一個伴侶被觸發了。但分手是任何人都可能發生的事情，它可以是一個沒有傷害意圖的結局。要離開的伴侶不需要感到內疚，只需要感到悲傷和同情。

當我們被觸發時，我們要告訴伴侶，它正在發生，以及它的來源，我們可以請求協助讓自己回到實事求是的軌道上，脫離觸發模式。這種溝通是展現健康脆弱、建立信任的一種方式。這種脆弱不是自我傷害，而是勇氣。

我們通常把觸發點完全當作互動。「是你觸發了我，你應該受到指責。」但其實我們可以轉而尋找我們內心的反應：在過程中我們發生了什麼？觸發我們的伴侶此時成了我們戲碼中較次要的角色。責備表示我們在逃避自己該做的工作，無論這種工作是涉及到審視自己，還是做出一個決定，關於以後的發展方向。指責意味著球永遠不在我們的球場上，這是一場沒有贏家的遊戲。

觸發大多數時候是主觀的。當一方被觸發時，另一方不能僅僅透過抗議「我不是那個意思」來忽視對方所說或所做的影響。我們應以個人的觸發點清單要求我們的伴侶尊重我們，因為它們對我們來說是真實的——這種尊重也會反過來發揮作用。也就是如果我們的伴侶告訴我們，他被我們的言行所觸發，我們不能回答：「這沒有意義。那不應該會觸發你！」在尊重的關係中，伴侶提出的任何觸發點都應該引起關切和尊重。對我們來說，它不一定要符合邏輯。事實上，我們所有人，任何人，有時都會突然感到焦慮，沒有任何邏輯上的理由。當我們看到觸發點也是這樣運作時，我們的同情心就會增長。

另一方面，被觸發的伴侶可能會在被視為不合邏輯的情況下，對自己的痛苦變得強硬和出現重複性。這種令人沮喪的互動導致的衝突在關係中會持續存在。但傾聽和被傾聽對治療有很大的幫助。

伴侶們可以培養出一種態度，盡可能照顧到對方的觸發點。例如，一個人被留在水槽內的髒碗盤觸發了，因此另一個人就盡量要確保定期去清洗碗盤。一個人因為去看牙醫而被觸發了，那麼另一個人就應該陪他一起去看牙醫。

當伴侶觸發我們的時候，我們可以凌駕於我們的反應之上，直接去看他在說什麼、感覺什麼、需要什麼。我們要拋開觸發點通常會在我們身上喚起的個人傷害或防禦。例如，假設一個伴侶說了一些批評的話。我們被觸發了，因為我們的母親也以同樣的方式批評過我們。此時，若我們沒有順著被觸發的憤怒反射去做，而是拋開舊有，專注於我們的伴侶，不抱怨也不反駁。我們會變得好奇：我們暫停下來並引導我們的注意力去關切我們的伴侶到底在說什麼、需要什麼、感受什麼。最終，伴侶的批評可能會在我們沒有聯想到母親的情況下傳來。然後，那一句聲明不再成為觸發點——它只是告訴我們我們的伴侶的立場。很快地，我們又回到了我們雙方都想說的話，我們雙方的需求，我們雙方的感受。然後，之後當我們獨處的時候，我們可以再審視看看我們自己需要專注的任何個人努力，特別是與童年有關的方面。

有時候，在初期浪漫階段，伴侶的態度或行為中，一件很可愛、很有魅力的事情，到了衝突階段，可能會變得相當令人討厭和具觸發性。而有時伴侶們不斷地觸發對方，沒有絲毫的鬆懈，也沒有改變這種方式的承諾，他們似乎只投入到責備對方的行列中。那麼，可悲的，這段關係生存的希望就非常渺茫。唯有伴侶在無過錯區承認並努力解決他們的觸發點時，健康的關係才能蓬勃發展。

被觸發的伴侶可能會回過頭來批評對方，然後觸發對方。健康的替代方法是給予建設性的回饋——這種回饋不太可能是觸發性的。當對方的所作所為或所說的話不再對我們造成那麼大的衝擊時，觸發所造成的壓力就會成倍地減輕。這種影響的減輕是解決觸發點的最終目標。當我們獲得平靜時，我們就會更加從容地對待伴侶或任何人的言行。我們發現更容易做出讓步；我們不再變得如此自負。當心煩意亂之箭沒有那麼深的穿透力時，我們就能更容易以耐心甚至好奇心來見證我們的關係。我們花在生火和滅火上的時間少了，而花在互相理解上的時間多了。如此一來，在「承諾」這艘船上與對方親密的共事關係就更容易找到一帆風順的機會。

有些觸發點是基於他人加諸在我們身上的關於伴侶或朋友的形象或信念。作為一種心靈的修行，我們應該摒棄這種二手觸發，尤其是在家庭和親密關係中。我們應該承諾根據自己的日常經驗與生活中的人交往，而非根據他人對他們的閒言閒語。我們應決定不允許他人的判斷或印象污染我們的關係。我們也應當要求別人對我們同樣的尊重。「對我來說，你是誰，只是因為我如何『體驗』你。我也要求我對你而言是誰，只因為你如何『體驗』我。」別人是如何被觸發的，不能招致我們彼此拋棄——雖然它可能會開啟一場關於我們的真誠對話。

有時候，關係的問題在於沒有在適當的時候被激發出行動！在我五十多年的心理治療師生涯中，我在客戶身上遇到的最常見的一個問題就是在一段關係、情境、工作或信念體系中待得太久，而這段關係、情境、工作或信念系統是行不通的——那是不滿足甚至痛苦的。我們並非真正的停留，我們是在閒置，不動，同時也在浪費資源。我們鈍化了可能導致我們改變某些東西以獲得更好的發展（或棄船）的觸發點。當需要改變時，我們不應感到太過羞愧而不敢進行改變。畢竟，一七七六年的《獨立宣言》中的這段話就闡明了這一點。「所有的經驗都顯示，人類更願意在邪惡尚可忍受的時候受苦，而非透過廢除他們所習慣的形式來糾正自己。但是……他們的權利，他們的責任，就是要扔掉這樣的政府，為他們未來的安全提供新的捍衛。」沒有人會替我們做出改變。這將需要「獨立」，我們每個人身上的資源，常常沒有獲得啟動，或者可悲的是，甚至是被恐懼的。我們應該溫和地提醒自己，試圖抓住一段關係——或任何事物——超過它的有效期限，這是不符合佛陀關於無常的教導的。

## 真正的伴侶

我們是社交性生物，因此，當我們有需要時，去爭取別人為我們提供幫助是恰當的，也是值得讚揚的。人們與我們分享他們的資源，我們就會發現自己擁有類似的資源。我們可能會說，我們從別人的力量中獲得，然後可以在自己身上找到力量。例如，當有人為我們挺身而出時，他是在向我們展示的自信，也在幫助我們找到自己的聲音。當有人協助我們面對一些事情時，他是在向我們展示如何保有自己的存在感。這種相互支援是友誼和親密關係的基本特徵。所有行得通的感情關係，無論是親密關係還是其他關係，都能揭示和建立資源。當我們感覺到孤立感，感覺它就像一拳打在肚子上，我們的脆弱彷彿我們儲存的資源被洗劫一空。人們陪伴我們渡過難關，陪伴我們經歷風雨和壓力——這是我們在困境中的重要需求。這些都是健康的關係所提供的資源。

「她就是真命天女」不一定預示著「我們可以成功在一起」。有時候，當對方不再是真正的伴侶時，我們依然愛著一個人的事實，會阻礙我們繼續自己的生活。當有人說：「我的需求在這裡得不到滿足，但我愛他，所以我會留下來忍受。」這時愛情已經成為中斷旅程的藉口。在任何關係中，健康的成人選擇是形成聯繫，體驗自我實現——而非以犧牲另一個為代價。我們在尋求維持聯繫的同時，也要適當增加自己的自主意識。這就是自信的內在資源對一段關係的優勢。

矛盾的是，我們一直試圖從那些以前辜負我們、現在又辜負我們的人那裡得到需求的滿足。當我們害怕面對現實的時候，我們可能會一直試圖改變現實。更有力量的做法是，放棄試圖從那些失敗和辜負我們的人那裡得到滿足。反之，我們為沒有的東西而哀悼，我們繼續前進。我們接受自己的現實，而不怨恨或責備任何人。

希望對方有所改變，並在證據不利於改變的情況下試圖使我們的需求得到滿足，這些都是逃避對已經失去或缺失的事實、對拒絕我們的親近請求的事實感到悲傷的方式。

我們可藉由對自己和對方提出以下的探究性問題來了解我們在感情關係中的真實目的，而非要求或指責：

- 我們是否想要保持聯繫，但並不真的想做建立承諾或共融所需的事情？
- 我們是否一直在為更多的親密感或更多的距離來設定我們的選擇和反應？
- 我們是否已經放棄了對正確的執著？
- 我們是否還抱著「然後一切都會好起來」的想法要求對方改變？
- 我們是否讓彼此處於一種不確定的狀態，這樣我們或其中一人就可以理直氣壯地不在這段關係中全身心地投入？
- 當破裂發生時，我們是立即走向修復還是抵制修復？
- 當我們的伴侶讓我們不高興時，我們是斷開聯繫還是簡單地暫停一下，然後再回來解決問題？
- 我們能不能回報連續三十天無摩擦的幸福？（至少在這個時間段之前，討論婚姻或承諾是不安全的。而且，當我們已想不起一段幸福的時刻，考慮結束這段關係是可以理解的。）

- 我們是否因為共同生活變得如此舒適而在關係中安於平庸？或者我們認真地一起努力讓它變得和以前一樣好？
- 在這段關係中，戲劇化才是真正的目標，而非一起躺在綠色的草地上找回我們的靈魂？
- 在我們感情的小世界中，爸媽的存在有多清晰，甚至有多吸引人？
- 我們是如何彼此給予和接受愛的成分——也就是五A？

在健康的關係中，這五A大多數時候都會以足夠好的方式發生。我們不期待伴侶不斷地滿足我們的需求，只期待瞬間的滿足。我們知道，當最後一次被滿足是如此之近，以至於我們可以記住它的時候，這就足夠了。在任何關係中，不適應都是可以預期的。在嬰兒時期，當我們的父母錯過了對我們的需求的關注時，就發生了。然而，我們很早就學會了如何從中恢復過來。這種恢復是自我安慰的起源，而現在則成了一種內在資源。

調和就是用關注、接納、明白、感情、允許來回應一種需求或反映一種感覺。我們調適別人的需求，也可以調適自己的需求。五A是我們內在的資源，可靠而持久。透過對自己和他人的愛的關注，我們就會開始注意到自己的焦慮減少。

最後，我們可以將這五A應用於我們的練習，即保持正念的當下：我們把注意力帶到此時此刻，關注它本身，接納它的本質，明白它所提供的修行機會——恩典，對它的感情，完全允許它以自己的方式敞開——並讓我們為我們反覆的失敗留有餘地。這就是我們如何以自我同情去反映當下，從而獲得其最豐富的資源。接下來出現的就是對我們處理任何舊觸發點的能力的平靜信任。

暴風雨永遠無法到達內心最寧靜的天堂，那裡有純潔完美的愛。

——法蘭西．費內隆（François Fénelon）、琴．吉昂（Jeanne Guyon）與米蓋爾．德莫里諾（Miguel de Molinos），《真正的和平指南》（A Guide to True Peace）

## 當情感受到傷害

對我們所有人來說，有一種主要的觸發點是在親密關係或任何互動中我們的感情受到傷害。當有人冒犯我們或越過我們的界限時，我們在心理健康的建議中擁有一種資源：從內心層面來說，我們會對事件感到悲痛，並根據內心的時機讓它過去。對對方來說，我們會表達我們的感受。我們用我們心靈的「唉喲！」來報告他的觸發行為對我們的影響。在一段值得信任的關係中，我們的「唉喲！」之後會得到對方真誠的「糟糕！」。在健康的關係中，影響力是很重要的。我們的「唉喲！」會被伴侶認真對待。這意味著我們不用試圖說服對方，而是真的被聽到了。而對方即使認為所做的事情看來無傷大雅，也願意為了對彼此的幸福而改變自己的行為：「這件事對你來說很重要，所以我很樂意讓它過去，這樣你就不用受苦了。」這就是關懷尊重，而非相互依賴而拖累。

當有人討厭我們時，我們也會被深深地觸發。讓我們看看對傷害感情或憎恨的三種反應方式。第一種反應是原始的，來自我們穴居人的起源。它是侵略性的，報復性的。第二種是文明的。它是基於「黃金法則」的承諾，也就是不傷害他人。第三種是來自成熟的精神意識。它是一種普遍和無條件的愛的表達。我們可以用這三種方式中的任何一種來回應恨我們或傷害我們的人。讓我們用被冷落的例子來解說：

**反應一、**如果有人冷落我們，我們可以在下次見到他的時候，把他冷落回去。這就是原始的報復方式。「以其人之道還治其人之身。」

**反應二、**我們不以冷落回敬他，因為無論別人對我們的行為如何，我們都選擇非暴力的方式。

**反應三、**在靈性的認識中，我們會感動地選擇誇張的反應，並實際上對那個冷落我們的人做了善事，或許是直接的，或許是用我們的慈心願望或為他祈禱。

接下來的表格是當人們傷害我們的感情或憎恨我們時，我們可以做出的三種反應的總結。請注意，這三種選擇的反應都可以讓我們的觸發反應歸零。我們不必從第一種反應開始，我們還有兩個選擇。

| 原始反應 | 承諾「不要傷害」 | 表達無條件的慈心 |
|---|---|---|
| 我們以傷害或憎恨回敬對方。 | 我們不以傷害或憎恨回敬對方。 | 我們不以傷害或憎恨回敬對方。我們更進一步，對那些傷害或憎恨我們的人做善事。這可能僅僅意味著對他們沒有惡意，同時希望他們好，不再進一步接觸。在所有這一切中，我們都抱有寬恕的意圖。 |
| 我們主動或被動地變得咄咄逼人。我們為了「糾正錯誤」而進行報復。 | 我們根據道德原則和對非暴力的承諾行事。 | 我們的行為符合《登山寶訓》（Sermon on the Mount）和（或）佛教的慈心。這包括我們甚至可能「愛我們的敵人。」 |
| 威脅或危險。 | 恐懼。 | 感受我們的恐懼，同時不被恐懼所驅使或阻止，並肯定我們處理恐懼的勇氣。 |

| | | |
|---|---|---|
| 腎上腺素／睪丸素驅使的自我拯救反應。 | 催產素／發自內心的對所有人的尊重感。 | 催產素／心性合一。 |
| 鐵石心腸。 | 敞開心胸。 | 擴展心胸。 |
| 基於自我，也就是基於恐懼。 | 基於人道主義。 | 基於愛。 |
| 「只有我是重要的！」 | 「你也很重要！」 | 「我們是緊密相連的！」 |
| 輸贏關係。 | 兩個獨立個體的雙贏關係。 | 兩個相連個體的雙贏關係。 |
| 這是向我們的黑暗面屈服。 | 這需要道德意識和不斷的實踐。 | 這需要對恩典持開放態度，並致力於不斷的實踐。 |
| 我們就像《教父》電影裡的人一樣。 | 我們就像羅傑斯先生（Mister Rogers）或阿提克斯・芬奇（Atticus Finch）。 | 我們是當今世界的基督或佛陀。 |
| 我們聽到一個復仇者的聲音：「你也動手吧。」 | 我們聽到一個調停者的聲音：「不要這樣做。」 | 我們聽到蜜雪兒・歐巴馬（Michelle Obama）的聲音：「當他們走低級路線，我們就要越有格調。」 |

| | | |
|---|---|---|
| 我們享受著復仇的甜頭，滿足著自我，也慶幸自己能在自己人的眼中看起來稱頭。 | 我們之所以在自尊中成長，是因為我們忠於我們的善良標準和進化的意識。 | 我們更愛自己和眾生，我們朝覺悟／轉變的方向前進，而且我們希望每個人都能如此。 |

請注意，最下面那一句是反直覺的。在這些反應中，我們是從更高的自我出發，而非從自我出發。我們被恩典所喚醒，其形式是從自私到無私的轉換，從以自我為中心到以愛為中心的投降。這種降服不是一種損失。它是一種心靈的開啟。它是對我們與生俱來的連接衝動的回應，它讓我們看到，在我們最深的身份中，我們是愛。因此，我們對眾生的愛心是一種自我表達。

事實上，我們與他人的聯繫，我們對他們的關心，來自於對我們真性的覺醒。這是一種恩典，一種開悟的時刻，而非由努力造成的，也不是由行為造成的。覺醒是來自宇宙、更高的力量、上帝、源頭、佛陀的免費禮物。我們的自我不會激勵我們慷慨地給予他人；它都是為了自己。我們也不能讓自己覺醒。它是作為一種恩典給予我們的。我們可在匿名戒酒會的第十二步中看到這一點。「在獲得了精神上的覺醒（恩典）之後……我們試圖將這個資訊傳遞給酗酒者。」請注意，這裡的恩典意在促使我們重新努力，不斷行動，並持久地致力於人類的友誼。

作為一種修行，我們可以默想這些來自不同傳統的心性建議。每個人都提出了一種行為，表現出接合感，也就是慈心的本質。相比之下，憎恨是分離，是對人類共融的侵犯，它是我們痛苦的根源。愛則能扭轉這種詛咒。

> 願那些以仇恨和傷害為地獄的人，都能變成帶著鮮花的戀人。
>
> ——寂天（Shantideva），《入菩薩行論》（The Way of the Boddhisattva）

> 你們心裡要彼此相愛，如果有人得罪了你們，要心平氣和地和他說話，放逐憎恨的毒液，不要讓報復住在心裡。
>
> ——《十二族長遺訓》（Testaments of the Twelve Patriarchs），西元前一〇七年

> 愛你的敵人，善待恨你的人，祝福詛咒你的人，為虐待你的人祈禱。
>
> ——《路加福音》6:27-28

> 世界上所有的人遲早要找到一種和平共處的方式。……如果要做到這一點，

我們必須為所有人類衝突發展出一種拒絕報復、侵略和報復的方法。這種方法的基礎就是愛。

——馬丁・路德・金恩（Martin Luther King Jr.），在接受一九六四年諾貝爾和平獎時所發表

## 感情關係不順的模式

為什麼我們不斷重複那些會破壞我們關係的模式？模式的形式是一方對觸發行為的反應，然後是相互觸發的爭論。但還有另一個層面，比「行動——反應」更深。我們可以在一個關係模式中發掘出至少三個層次：

### 層次一、觸發事件——發生了什麼事

關係模式的第一個層次是觸發事件。不斷發生的破壞協議或不可接受的行為或事件就是敘事，也就是故事本身：「你這樣做，我就會被觸發。」通常伴侶不是否認，就是有一個合理的解釋。然而，每個伴侶可能都有——並且堅持不同的敘述。這就使衝突上升到了第二個層面。

### 層次二、戲劇事件——爭論發生了什麼事

在第二個層面，一場爭論，一場戲劇性的衝突隨之而來。每一方都想證明自己的行為和反應是合理的。這就變成了持續的來回觸發。沒有對感情的處理，只有每個伴侶根據個人對發生的事情的解釋、投射、假設來維持自己的立場。任何一方都不可能猜到有另一個動機正在發酵。

### 層次三、這一切背後的無意識目的

第三層的層面——它背後的無意識目的——是最狡猾和難以捉摸的，因為它在我們的意識之外。通常，我們需要幫助才能發現自己真正的目的。我們在無意識中被激發成一種破壞親密關係的模式。然而，一直以來，我們只關注前兩個層面，都是觸發，所以兩者都很混淆。爭端和戲劇這兩個有意識的層面，必須追溯到它們隱藏的目的，也才能啟動它們的深層真相。只唯有如此，我們才能打破這種模式。

目的是基於動機的。以下清單提供了可能破壞關係的目的和動機的例子。在我們的衝突中，可能會有一個或多個這樣的動機：

- 這段關係一開始就是個錯誤，我正在做一些能讓我擺脫困境的事情。
- 我無法自己離開這段感情，我想強迫他她讓我走。

- 在任何關係中，雙腳踏入是很危險的，所以我不可能完全投入。
- 我正在主動或被動地報復他——或父母或前伴侶——為了過去的舊傷。
- 我在保持我的特權感。我相信我有充分的代理權、控制權和決策權。因此，我可以拒絕合作。
- 我在這段關係中是為了滿足自己的自我，而非為了滿足這段關係而放下自我。
- 我對腎上腺素上癮，所以讓事情保持在熱度和未解決的狀態，讓我有了來這裡的動力。如果太過一帆風順，我就會焦躁不安。我內心的某些東西必須造成船難，或者至少是一場完美的風暴。
- 唯有當我做的事情導致我的伴侶感到不安或瘋狂時，我才會感覺良好。
- 我想證明我最擔心的事情，也許是基於過去的一次被拋棄的經歷：當我真正需要的時候，他不會在我身邊；或者我不夠重要，他不會長期對我忠誠。這讓我不信任他，我不得不把精力放在應急計畫上，應急計畫的形式可能是抱怨、指責，或者留意新伴侶的出現。
- 我必須訓練他像我的母親或父親一樣，這樣我就可以重新體驗到童年的積極或消極模式。
- 我害怕並不惜一切代價避免親密關係。

在每一種情況下，我們都會設置一些事情，以便我們會找到證據證明我們的目的是合法的。這真是讓自己原地踏步的最佳方式：「我讓你去做能證明我是對的事，也能保證我們沒有任何進展。」當一個人的安全似乎只有透過疏遠才有可能時，任何朝向更親近的進展都是非常危險的——這是上述所有動機例子的共同主題。

如果一個男人的目的是避免被伴侶吞噬，他現在覺得自己的目的是合理的。而他的伴侶可能會把這種疏遠當成一種拋棄，複製她父親的做法。她的目的可能是為了證明所有男人都會離開她，對目的的確認將比解決衝突和建立有效關係更令人滿意。

能幫助我們走向療癒的，就是揭開我們的目的，承認我們的動機，設計一個新的積極目的：我在關係裡是為了展示五 A，並要求它們，表現出愛心，合作行動，去探討、處理和解決出現的衝突，直接要求我所需要的東西。

關於直接性的最後一項建議為我們提供了最好的機會，使我們能夠了解我們的秘密目的。我們問我們的目的是為了讓什麼發生。或者，更有說服力的是，我們可以問當我們發生衝突時，關係中不斷發生什麼。我們一而再再而三地在哪裡收場，是了解每個伴侶真正目的最有用的線索。例如，如果我們一次又一次地結束的是距離，那可能是我們的目的。但是，等等！以距離為空間能有助於我們成長，它不一定意味著放棄。親密感也不一定意味著吞沒。我們可以直接要求健康的距離，而非默認我們的目的：那就是我們試圖用迂迴的方式來實現距離。在健康的關係中，當我們確實要求保持距離時，我們會加上一句關於回歸於我們之間的聯繫的話：「我現在需要一些時間，七點前會回來吃晚飯。」我們是在要求我們所需要的東西，並保證我們的要求並不表示放棄。我們不需要為了實現讓我們感到壓力、讓伴侶也讓我們感到困惑或傷害的秘密目的而經歷那麼多的周折。

最後，每一個隱藏的目的都是由恐懼推動的。捫心自問，我們最害怕的是什麼，再看看上方的條列式列表。每一則，無一例外，都帶有一項恐懼——對我們中的一些人來說，甚至是一種恐怖。這些恐懼並不新鮮。它們是我們熟悉的，在我們心中紮根了幾十年。我們回過頭來看，就會發現正是這些恐懼設計了我們許多選擇——以及後來我們的遺憾。在《創世紀》中，當上帝質疑亞當的秘密時，亞當解釋道：「我害怕，所以我隱藏了自己。」事實上，我們所害怕的東西和我們所隱藏的東西之間有直接的關聯。兩者都破壞了我們獲得能給我們帶來幸福寧靜的親密關係的機會。選擇在無畏的開放中茁壯成長吧！這種開放會讓伴侶信任我們，我們的收穫會是全方位的。

## 感情現狀

以下是婚姻或嚴肅承諾的關係中各方面的一些例子：愛情、友好、忠誠、坦誠溝通、分享感情、履行經濟義務、同居、共同養育、性關係、分享類似的利益、雙邊決策、在實際事務中的合作。唯有當伴侶雙方都還在啟動這些要素的時候，所有這些要素才能成為一個統一體蓬勃發展。然而，有時一方或雙方不再致力於照顧婚姻結合的所有領域。例如，一方可能在預算方面表現得不負責任，然後，另一方接管了這個領域。如此一來，伴侶們在經濟上不再是伴侶，實際上，他們在婚姻關係中的那個細分領域不再是「夫妻」。這自然會引發感到有義務接管的那一方的不滿。同樣的不平衡也可能發生在養育子女的領域。

當除了同居和經濟貢獻之外，幾乎所有的婚姻關係領域都崩潰時，伴侶們實際上已經成為室友。他們的全然身心投入已無法運作。當夫妻一方或雙方不再腳踏實地的交往時，他們就不再是完全的夫妻了。這對「伴侶」依然有結婚證書，但已經失效。通常情況下，他們的無效婚姻是雙方都知道的，但沒有談及。這種情況下，需要一個觸發點發出需要改變的信號。

把隱性的交易明確化，會有很大的好處：「讓我們承認，減少的承諾是我們關係的全部。我們是想保持這樣的關係，還是重新賦予完整的婚姻？這就好比像是有些州已經脫離了我們的聯盟。我們是否要不要在不引發內戰的情況下讓他們重新加入？」

讓我們考慮另一個可能出現的難題。如果沒有性生活，或者沒有發生性生活的意圖，那麼伴侶是否有理由在其他地方尋找？他或她可以說：「我們現在在性方面已經離婚了，所以我相信我們中的任何一個人都可以自由地開始一個新的性計劃。我的餘生不與他人發生性關係的這種選擇是我無法接受的。」這是一個需要開放和治療的話題，如果伴侶們要探索正在發生的事情，然後決定接下來的事情，他們可能會發現，承諾的一個或某些方面的破裂相當於分手。當然他們也可能選擇恢復缺失的環節。

同時，一種關係或婚姻可以完全由成年參與者設計。因此，如果雙方真正對這種安排滿意的話，沒有性的婚姻或有不平等的經濟安排的婚姻確實可以是合法的。無性關係可能會有長久的生命力，但伴侶們可能還是會懷疑自己是否找到了關係中所能提供的全部成長、挑戰和幸福。聰明的人在決定省略對滿足人類普遍渴望如此重要的東西時，就會開啟一場漫長的對話。

## 電子世界的危險

今天，電子產品常常是我們之間的阻礙。我們想知道，對電子產品的關注，特別是在年輕人身上，如何影響到真正聯繫的可能性。它是阻礙還是促進了聯繫？

在前電子時代，我們從小與他人的交流只能透過直接接觸。我們可以透過讀懂別人的感情、面孔、語言、手勢來理解他們的感受。然而，在網路會議的世界裡，我們的情感範圍變得遲鈍了。我們很多人現在都陷入了發訊息的溝通方式，強迫性地查看資訊，打電話給對方詢問行蹤，癡迷地在臉書上報告日常瑣事。這一切看似增加了溝通，但實際上卻抑制我們的社會接觸和人際聯繫技能。電子世界其實最終會讓孤立變得有意義。人類的愛正在發生變化，不是因為我們的愛的能力在減弱，而是因為獲得愛的真實方式現在可以退居到虛擬聯繫的後面。比如我們注意到，我們喜歡發訊息而不是打電話聊天，更不用說見面了。

此外，點擊搜尋引擎就能得到答案的即時性，會讓花時間尋找解決方案變得難以忍受。在這方面，我們正在縮短我們注意力的時間。我們從快速走向下一個事物的過程中得到強化，而非從持續的注意力中得到強化。難怪我們看到人們關注力缺失症有如此的增長。持續的關注力是五 A 中的第一個，也就是親密關係的組成部分。我們對虛擬世界的沉迷，一定會對我們如何表現親密的愛產生影響。那些無法忍受花時間去解決某件事的人，怎麼可能成為花時間維持關係和解決衝突的候選人？那些很久沒有學會關注的人，怎麼可能會認真傾聽另一個人的聲音？每一個閒置時間都要被刺激填滿的人，怎麼可能處理好生活中不可避免的許多低谷時間和冗長時間？

有些年輕人不喜歡讀小說，因為激動人心的事情不是每一頁都會發生，而且要花太長時間才能到結局。但我們的大腦是在一連串的刺激中茁壯成長的，然後有足夠的休息時間來處理和綜合我們所讀或所學的東西。失去了這個熬煉階段，以及它所需要的時間，就會減弱我們處理經驗和問題的技能，尤其是在人際關係中。由於熬煉對我們從觸發點中解脫出來是至關重要的，這就造成了獲取內在資源的一種障礙。

莎士比亞在《第十二夜》（*Twelfth Night*）中寫道：

「時間啊，你必須解開這個結，而不是我。這個結對我來說太難解開了。」

但我們不再有難解的結，也不再需要時間去解開它們，因為網路上有現成的答案來解決我們所有的難題，無論多麼複雜。我們懷疑複雜性，因為現在一切都如此簡單，唾手可得，就是懷疑人際關係的全部潛力，我們懷疑其所有的死巷子。我們沒有獲得等待和停頓的技能，沒有獲得以自己的步伐逐一面對自己的惡魔的技能，沒有獲得在危機後慢慢重組自己的技能。而這些鬥爭其實是我們內在資源和有意義關係的基石。

在我五十年代的童年，我們在星期六下午看了一場電影，然後和我們的朋友一起扮演演員的角色。我們想模仿那些主角。當天晚上，我們在睡覺的時候，想像著電影中發生的事情。這些都是心理進化的方式。當我們看完一部又一部的電影，卻沒有時間去思考它們的意義，沒有時間去思考它們的主題，沒有時間把它們和我們自己的故事聯繫起來，沒有時間從它們中找到我們自己生活的隱喻時，我們的生活就不會好起來。

做人和親密關係所需要的所有技能似乎都在其中，只有時間才能證明我們是否需要擔心，或者這一切都會圓滿解決。

我們已經開發出使變革成為可能的技術。我們可以將這一種進步視為我們個人努力的一個隱喻。我們也許可以發展愛的技術，以便世界將因為我們新的集體聯繫方式而改變。這需要合作和協同，需要關愛的形式。全球化是一種聯繫，但尚不是關懷的聯繫，愛的本質。我們擁有神的力量，是因為我們需要征服和指揮，還是因為我們本來就是我們所說的神：愛？

> 有一天，在駕馭了空間、風、潮汐和引力之後，我們將為上帝駕馭愛的能量。到了那一天，在世界歷史上，我們將第二次發現火。
>
> ——德日進（Pierre Teilhard de Chardin），《邁向未來》（Toward the Future）

## 有助提升感情關係資源的練習

某些做法可以加強我們人際關係的資源，減少我們的觸發點和反應的影響，如下方的例子所示。

### 想想：伴侶是誰挑的？

有了健康的內在資源，我們就會被健康的人吸引。當挑選者是我們內心想要完成過去那部分的那個人時，我們在選擇時可能就不會那麼挑剔。一個由一個不斷傷害或背叛他的母親撫養長大的人，現在可能會覺得有必要繼續成為一個女人不誠實的受害者。這有違直覺，但往往是這樣。請記住，當我們還沒有弄清楚自己的歷史時，我們尋找的是過去的重複——而非替代它的選擇。換言之，我們寧願重複也不願意創新，這確實是一種自欺欺人的選擇。

我們從小到大那種希望媽咪這次能來救我的需求，削弱了我們的智慧評估能力。未被滿足的需求讓我們不斷地掃描我們的世界，尋找能夠滿足這些需求的人，但卻是錯誤的。我們勾搭上一個一次次背叛我們的伴侶。發現他不值得信任的可能性更熟悉，因此在某些方面更能滿足內心受傷的孩子，因為尋求的是過去的重複，而非擺脫過去的自由。這就是心理把這一件事放在第一位的方式：它先清理過去，然後才找到健康的替代方案。然而，有了內在的資源，我們就可以根據有效的東西而非呼應的東西來做出選擇。

如果，我們不可能真的完成了所有必要的努力，把我們從小到大未完成的事情清理乾淨，那麼誰會吸引我們呢？

## 界線

三個月大的嬰兒，經常採用「刺激屏障」來保護自己不接受過多的輸入。例如，如果大人想引起他們的興趣，而他們又累了，嬰兒就會乾脆閉上眼睛打瞌睡或轉身離開。我們可以使用類似的技巧，但用的是語言：「我現在需要一些獨處的時間，所以我們稍後再談。」這是讓我們不要逃避或憤怒地轉向對方的替代方法。此外，我們也可以在我們因伴侶過於接近而感到舒適而被觸發時，可以生存下來。我們可以在不冒犯、觸發伴侶的情況下要求空間。

## 雙向正念

在心靈修行中，我們是我們此時此刻經驗的非判斷性證人。在這種個人修行中，我們是有心的。但是，等等！在親密關係中，我們也可以用有心的態度面對。伴侶們可以用一種非判斷、非要求、非控制的方式練習彼此的存在。我們一定會感受到這種互動式心境的力量。當我們當中的一人正在經歷一段艱難的時期時，這將是特別有意義的。當我們的伴侶以寧靜的心態專注地坐在我們身邊時，我們會在苦惱中得到安慰。這種真實的存在賦予我們一種被愛和尊重、被關心和被理解的安全感。這相當於身體上的擁抱。

這種心靈的雙向體驗對於我們如何減少我們可能稱之為「相互觸發」的關係至關重要。當我們感到自己的體驗被牽制，而非因此而感到羞愧、批評或指責時，我們就不太可能觸發彼此。事實上，在任何互動中的雙向心態，無論是在家裡或是公司，都是通往聯繫和相互尊重的康莊大道。

## 愛自己和被愛

感覺被愛是一種積極的觸發，感覺不被愛是一種消極的觸發。真正的愛是無法掙得的，只有免費給予。這就是我們愛自己時的聲音，我們不是為了取悅別人而重新改變自己，只是向別人敞開，就像「我們自己」一樣：「我就做我自己，看看誰會用愛來回應。」莎士比亞在《一報還一報》（*Measure for Measure*）中提出了一種有益的做法，表達了對自我欺騙的極大肯定。「現在我將揭開面具。」

我們也可能意識到，有人用愛的眼光看著我們，就會啟動我們對自己的愛。「如果他這麼愛我，我一定很值得人愛。」這就是他人的愛如何增加我們的內在資源。

最後，當我們對所有的人都採取愛的行動時，我們就會愛自己。慈心的輪迴是從自己移到眾生身上的。透過愛所有的人，我們會感到自己被包含在無處不在的愛中。

願我把所有的愛都表現出來。
無論我在哪裡，我都會盡我所能。
今天和每天。
對每一個人，包括我在內
既然愛是我們的
以及我們為什麼在這裡。
現在對我來說，沒有什麼比這更重要了
或者給我更大的快樂。
願我們的世界都成為
一顆愛的聖心。

## 放棄必勝的信念

當我們的競爭性自我被觸發時，我們會被「正確的」需求所驅使——這是一種壓力和痛苦。但在親密關係中，真正的安全感不可能發生在某人是「正確」的時候。安全感來自於把我們自己從不受控制的自我恐懼中解放出來。然後，雙方都會發現自己在一個寬鬆和無過錯的環境中安全和有保障。這並不代表我們為了獲得安全感而放棄自己的信念。它確實代表的是我們找到了維持自己信念和界限的訣竅，而不強迫他人向我們的優越感低頭。反之，我們對他人的觀點持開放態度。我們尋求找到共同點的方法，而不是居高臨下。

## 不帶批判的需求

表達需求但又不至於讓人覺得是一種批判，一種對對方的指責，真的很難：「我需要更多的感情」似乎等於「你給我的感情不夠。」於是伴侶的反應就是去防備，覺得自己被攻擊了，被批判為不足。我們可以用更恰當地方式表達情感需求：「你很善於給予感情，這讓我想要更多的感情。現在我們一起試試怎麼樣？」這句話並不會扣動扳機。

我們可以學會表達任何需求，而不指責對方的不足。例如，我們可以說：「這道菜我需要香菜。」而我們的伴侶把香菜遞給我們，這是明確的需求表達。但當我們說：「我需要香菜，我要你在回家的路上去買，但你就是不聽我的。」這就是批判。

我們在本書中對他人的存在的討論被描述為陪伴和五 A 的展現。或者，當我們脆弱的時候，特別是在表達我們的需求和傷口時，我們與他人的存在就會體現出來。當我們宣佈我們的渴望，展現我們心中的漏洞，打開我們的靈魂，結結巴巴地呼喚幫助和關懷時，我們就會在關係中出現。我們會覺得分享自己的需求尷尬，只是因為我們沒有足夠的練習。我們會感到脆弱，因為對方可能會說「不一」，或者可能會答應而不去落實。但我們最終完整地告訴別人我們是誰的勇氣勝過了這一切。勇氣讓我們有恃無恐，讓脆弱成為風景，而不是地震。而那，就是最美的風景。

夢境
所有的饑餓都向它跳躍，所有的快樂都向它傳遞。
——理查．威爾伯（Richard Wilbur），
《西亞納別墅的巴洛克壁泉》（A Baroque Wall-Fountain in Villa Sciarra）

## 善意的聳肩

一旦我們了解伴侶、朋友或家庭成員的個性，我們就會對某些行為和態度有所期待。然而，這些期待可能會觸發我們，我們的反應導致了爭論。但是，當我們把他們的言行甩

開，而非讓它成為爭論的焦點時，我們就會發現壓力減輕了。我們把他們的言語和行為看在眼裡，不再陷入爭論，不再試圖修復、改變或控制他們，也不再顯示他們錯得有多離譜。這不是放棄，也不是不去聆聽。而是終於尊重他們是誰，接受他們的個性。

## 個人的努力

親密關係是建立在個人努力成長的基礎上的，它使我們更加開放和存在，可以促進和加強聯繫。我們的成長不僅是讓關係中的生活更輕鬆的一種方式，也是一種表達對某人的愛的方式，因為我們實踐的是親密關係發展所需的努力。例如：我們正在處理童年的創傷，所以我們不會把它們轉移到我們的伴侶身上。我們表現得很有主見，但並不咄咄逼人。我們在直接溝通，而非被動地溝通。我們處理衝突，每次衝突出現時都會面對、處理和解決它們。我們平和地處理日常危機，而不是把危機發洩在伴侶身上。面對、處理、解決不僅成為慣例，而且成為資源。

就個人而言，我不會自欺欺人地認為自己已經完全達到了平靜。事實上，我注意到，只有在我沒有被觸發的時候，我才會有這種平靜。假設我在旅行時必須處理一堆繁雜細節，我可以耐心而不是被觸發，但那是因為童年時沒有發生任何與其有關的事情。難道我（或我們）擁有平靜的能力僅限於沒有歷史的事情嗎？

# 第八章 精神層面的資源

在這短暫的生命中
是魔幻的延伸。

——愛蜜莉．狄金生（Emily Dickinson）

精神層面的東西可以用一個詞來形容：「更多。」這個字眼指的是某種超凡脫俗的東西，比眼見的更多：

- 我們直覺到，生命體比我們所看到的更多，表面背後有更深的現實。
- 我們覺得我們身上有比自我更重要的東西，我們身上有比個性和個人歷史更大的生命。

- 我們感覺到發生的事情不僅僅是事件，它們是靈性實踐的機會。
- 我們意識到，愛不僅僅是對某人的好感，而是一種無條件的、持久的連結和承諾。
- 在親密的夥伴關係中，我們找到的不僅僅是連結，而是共融。
- 我們在對自己的工作中，不僅僅是朝著自助的目標前進；我們有一種服務人類的意識。
- 我們的行為不僅僅是公平，我們更要表現出大度。

因此，精神意識看到的是：

- 自然是比自然事物更重要的。
- 我們的人類身份不僅僅是自我。
- 時間不只是時間長短。
- 場所不僅僅是地點。
- 我們的命運比我們的目標更重要。
- 我們的愛，能夠延伸到親人以外更多的人。

但我們注意到，一個貪婪的人也會尋求更多。同樣，一個癮君子也會尋求更多。他們的渴望似乎並不是精神上的。他們也在渴求能使他們超越有限的東西。他們想要的是無限的東西。他們所犯的錯誤在於他們所選擇的上癮對象和他們用來佔有它的不正常策略。因此，一個計畫——例如，匿名戒酒會——提供與超然的更高力量的接觸，是通往真正康復和精神意識的健康之路。

我們在《地球憲章》（*The Earth Charter*）的序言中讀到這句話：「人類的發展主要是為了做得更多，而不是擁有更多。」「神聖」是一切事物中的「更多」，這個「更」是一種精神資源。我們只有看到了其中的神聖，才會看到全部的真實。當我們對「更」說「是」的時候，我們就會在自己、他人、事件、事物、地點中看到它。一切都是神聖的。靈性的生活因此意味著沒有任何東西再是褻瀆的：我們已經成為了「更」，也就是對神聖的「所有地方」說「是」。

「是」是世間唯一的地方，所有的地方都是如此。

——豪爾赫．路易斯．波赫士（Jorge Luis Borges），《阿萊夫》（The Aleph）

## 當時機來臨

它一定是藏在我的靈魂裡，雖然我對它一無所知，但在需要它的時候，它又突然升起在我的記憶裡。

——費奧多爾．杜斯妥也夫斯基（Fyodor Dostoyevsky），《農夫馬列伊》（The Peasant Marey）

有一種令人欣慰的積極觸發體驗，每隔一段時間就會發生在我們身上。它是一個突如其來的「原來如此！」或覺醒的時刻。它可以是一個認識、放手、轉變、改變生活的時刻，或從我們肩上卸下的重擔、突然的思路清晰、一切都順利圓滿、有道理的感覺、恍然大悟的那一刻。會有一件事或一句話或一段經歷觸動了它。它會看似是大覺醒的一個原因。但實際上，它是一個發射台，一個催化劑。這種覺醒不是客觀的，來自外部的，而是主觀的，發生在我們身上，是一種精神內在資源。

這種積極的觸發體驗是同步性的例子，也就是催化劑和內在時機有意義的巧合。同步性是一種精神體驗，因為它的發生是一種恩典，它不是我們造成的。我們只能做好準備。一些話語或事件點燃了意識或釋放的火焰。禪宗的故事常常講到一個特殊的時刻，有人突然開悟——例如，日本一個寺院裡的普通僧人，他多年來每天的任務是清掃花園裡的小石子，使它們均勻地分佈。有一天他在掃地的時候，有一塊石頭撞到牆上，發出砰的一聲。當他聽到「砰」的一聲時，他完全開悟了。覺悟的日子到了，乒乒乓乓則是觸發的催化劑。兩件事情同時發生，就是觸發——同步性。催化劑是恩典的實例，是生命的禮物。

我們在一九五九年的法國電影《廣島之戀》（*Hiroshima Mon Amour*）中可找到另一個例子。主角深陷憂鬱之中，住在地窖裡，因悲傷而動彈不得。有一天，孩子們正在她上方的地面上玩彈珠。一顆彈珠從窗外滾到地上。她將它撿起來，握在手心。當她感受到孩子握著彈珠的手的溫度時，她的憂鬱就解除了。彈珠並沒有引起變化；那是一個恩典的時刻，恰好與她釋懷的時間相吻合。

另一個例子是，一位母親明明一而再再而三地聽到，女兒吸毒不是她的錯，但這句話對她毫無影響。然後有一天，她又聽到了這句話，突然間，她的身體感覺到肩上的重擔被提了起來。話是一樣的，但在那之前，時機未到，因此無法產生作用。

時機是什麼？它是一種準備。它無法被製造、提前或延後。大多數事件都有一個內在的時機。悲傷就是一個例子，好像我們必須流下非常特定數量的眼淚，才能讓它消失。

人生為我們提供了兩個選擇：一、我們可以做出有意識的選擇，或二、我們無法控制的事情發生在我們身上。在每一個時機觸發的例子中，催化劑是「事情發生了」，而不是我們有意識地操縱的結果。有時，時機對意志力來說是正確的，就像賽修斯對牛頭怪所做的那樣，抓住牛角。有時時機對了，就像他等待阿里阿德涅為他指明走出迷宮的道路一樣。我們的意圖是旅程，我們的策略需要辨別準備發生的事情。

辨別什麼是合適的是一種恩典，是來自於超越我們自我的力量的神秘禮物。好像有什麼東西，總是在運作，使我們比自己目前更上一層樓。彷彿宇宙知道我們的時機，並耐心地計畫著它的到來。就好像我們並不孤單。當我相信這一點時，我就會放手相信，只有我使之發生的，才會實現。我開始相信一種我無法控制的力量。當這同樣的力量是一種內在的資源時，我們就有了靈性。我們在匿名戒酒會大書（***Big Book of Alcoholic Anonymous***）中看到了這一點：「除少數例外，我們的成員發現，他們已經開發了一種未被發現的內在資源，他們目前認為這種資源與他們對比『自己更強大的力量』的概念是一致的。」

這句令人驚歎的至理名言還提醒我們，我們的治療和個人融合並不完全是自己努力的結果。我們可以相信恩典，這是生命的禮物層面，「一種未被發現的內在資源」，有助於我們在旅途中進步。在本書中，我提出建立內在資源來處理觸發點。我並不是要重復舊有公立學校的信念，也就是一切都要靠我們自己：我們「自力更生」，我們是「命運的船長」。這樣是一種有限的、局限性的文化偏見。它建立在粗獷的個人主義基礎上，忽視了我們的核心進化傾向：在進步的道路上進行連結和協同。也就是相信我們在處理觸發點方面的挑戰包括他人的支持和恩典，我們盡我們所能，我們依靠我們支持小組中的其他人。我們盡我們所能，我們相信一種超越自我的力量，無論我們以何種方式來詮釋它。那麼，我們並不孤單。

## 神經可塑性與靈性

大腦就像一個工廠，每個部門都與其他部門合作。例如，前額葉皮質幫助思考、決策、規劃未來、設定意圖、調節思想、感覺和行為。海馬體負責處理和編碼我們的記憶。腦幹控制心率、呼吸和其他自主神經功能。部門與部門之間的溝通是沿著神經通路進行的。當神經通路被反覆使用時，它們就會變得根深蒂固。因此，我們的習慣是持久的，但我們的新行為方式卻不容易鎖定。以工廠為比喻，熟悉的常規操作很容易完成，但新的專案需要工人花費更多的時間來執行。

神經可塑性是大腦改變自身結構和操作的能力，透過新的焦點和替代習慣。實際上，我們可以將消極的、自我挫敗的、功能失調的模式改變為積極的、有利於我們生活目標的模式。新的連結可以安裝在我們的大腦中。神經可塑性使改變和發展成為可能。它使我們能夠扭轉那些對我們不利的根深蒂固的習慣。我們可以創造新的思想和行為模式，幫助我們更有效地適應我們不同的內心風景和壓力巨大的世界。

我們也可以透過神經可塑性取得精神上的進步。透過參與反覆專注於精神的肯定和道德意識的行動，我們可以幫助我們的大腦重新連接自己，使這些肯定和行動成為積極的習慣——也就是美德。然而，新的途徑並非簡單地重複某些思想或行動就能出現的。我們將高度警覺的注意力帶到這個過程中。以冥想為專注的注意力可以幫助我們到達那裡。然而，大腦就像工廠裡的勞動力一樣，很容易分心。我們要透過保持它的軌道來管理它。事實上，有一種危險是，一旦一種新的思想或技能成為第二天性，我們就不太可能去挖掘新的可能性。改變不會發生在自動駕駛中——只有習慣才會。所以，第二天性，擁有更少的注意力，意味著在大腦中鋪設新路徑的機會更少。

我們現在還知道，一種完全的心理體驗可以使新的神經連接。一個運動員想像自己以新的方式跳水，就是在改變他的大腦，然後是他的身體，以實現新的跳水方式。我們可以透過想像力鏡像自己。威廉・詹姆斯（William James）在《與教師談心理學及對學生談生活的理想》（*Talks to Teachers on Psychology and to Students on Some of Life's Ideals*）中向他們推薦：「勤奮地將自己置於鼓勵新方式的條件下，使之與舊方式不相容。」

神經科學家安德魯・紐伯格（Andrew Newburg）在《上帝如何改變你的大腦》（*How God Change Your Brain*）一書中透過研究證明，冥想可以增加前扣帶皮層的血流量。前扣帶皮層是連接我們原始杏仁核和前額葉皮質的大腦部分。這是大腦的區域，掌握著我們表現出關懷、同情、社會意識的能力。它同樣能培養直覺，幫助我們調節情緒和對觸發點的反應。紐伯格博士表示冥想可以堅定和強化前扣帶皮層，減少原始杏仁核的影響。然後，我們就更有可能去按照我們的精神價值行事。事實上，靈性並不在於我們的感覺有多好，多接近神性，我們的思想有多崇高。它是關於成為愛——連結——就像我們生來就是這樣的。用佛教的術語來說，靈性是每天專注於對自己和所有眾生的慈心修行。邱揚．創巴（Chögyam Trungpa）仁波切在《對恐懼微笑》（*Smile at Fear*）一書中提醒我們：「修習禪定並不是為了假想的證悟，而是為了過好自己的生活。它是關於過好生活的。」更有甚者，紐伯格指出，「有靈性和意識的共生，參與的回路讓我們能夠設想宇宙、上帝和我們自己之間的一種仁慈的、相互聯繫的關係。」

邊緣系統調節著我們的情緒。緊張的戲劇性情緒和消極思想之間有什麼聯繫？丹尼爾．亞曼（Daniel Amen）醫生——《一生都受用的大腦救命手冊》（*Change Your Brain, Change Your Life*）一書的作者——使用了被稱為單光子電腦斷層掃描儀（SPECT）的成像技術，顯示當邊緣系統處於高度緊張的狀態時，我們會自動透過消極的角度來看待世界。然而，當邊緣區域平靜時，我們更容易發現自己處於積極的心態中——這種感覺在《詩篇》第二十三篇中得到了體現，它將「止水」和「不怕邪惡」連結在一起。

## 有助提升精神層面資源的練習

### 找到我們內心的善良

我們最珍貴的精神資源是內在的善。邱揚・創巴（Chögyam Trungpa）在《香巴拉：勇士之聖道》（*Shambhala: The Sacred Path of the Warrior*）中寫道：「我們最珍貴的精神資源是內在的善。每個人都有一個基本的善的本性，它是未被稀釋的，未被混淆的，包含著巨大的溫柔和欣賞。」我們的基本善性使愛成為可能。諷刺的是，我們身上最美好的東西，卻常常被我們所掩蓋、懷疑、遺忘或恐懼。在費奧多爾・杜斯妥也夫斯基（Fyodor Dostoyevsky）的《卡拉馬助夫兄弟們》（*The Brothers Karamazov*）中，佐西瑪神父建議當我們遇到仇恨或邪惡時，採用一種精神路徑——資源：「永遠選擇溫柔的愛。」我把這些話放在桌面上已經很多年了。我每天都會多次看到它們。我相信它們為我提供了一條崇高的精神道路。但我也充分意識到，我需要一輩子都把這個建議放在我面前。我有黑暗的一面，有時會自動選擇攻擊性，無論是否被觸發。在壓力的時刻，我會忘記這個在平靜時刻對我意義重大的建議。我的修行、我的工作、我的使命就是記住「溫柔的愛」，並付諸行動。我由此獲得內在善的時刻。而我必須接受我只能做得「越來越多」，因為「每次都做到」這個建議可能永遠不會發生。

理查・羅爾（Richard Rohr）在《完美主義的陷阱》（*The Trap of Perfectionism*）中寫道：「對我來說，真正的勝利是當我能夠認識到我內心深處對善良的體驗是所有現實的核心和基礎。……這對我所渴望的善的觀念而言一直是一種釘死和捨棄——而非實際的善的給予。」我們確實可以放下對善的限制性定義，拓寬它的含義。它超越了我們的道德形態，它是一切現實的本質。無論我們對「善」和「惡」的概念如何，善都存在於一切之中。這是一種深刻的精神認識，因為它把我們從基於局限性的自我定義帶到了無限的普遍性。

作為一種精神修行，我們可以在我們遇到的每一個人身上保持尋找基本的善。其中一個方法是注意到我們對某人的批判。我們把它當作一個提示，我們需要「尋找好的一面，並讚美它」，正如俗話所說的那樣。這並不意味著要努力在別人身上找到一個善良的例子。它更具挑戰性。例如，這可能意味著我們要在敵意的眉頭後面尋找溫柔的弱點。我們這樣做不僅是為了別人，也是為了自己。我們對善的感覺可以擴大和加深，使我們認識到它是我們和所有生命的神秘的內在。這比基於我們堅持計算對與錯的善的定義要大得多，也更耐人尋味。當所有的批判結束時，我們就能獲得自己和他人的內在善良。

在錯誤行為和正確行為的觀念之外
有一個領域。我將在那裡與你相見。

當靈魂躺在那片草地上
世界就變得很滿，談也談不完。

——魯米（Rumi），〈大馬車〉（A Great Wagon）

## 自他相換法

藏傳佛教的修行方法稱為「自他相換」（tonglen），是處理痛苦的一種想像力的精神資源。它對處理觸發點也很有用。自他相換可以有三個方向：一、它可以是處理我們自己的負面經驗的一種方式，二、它可以是對我們周圍人的痛苦和苦難的一種慈悲練習，或三、它可以是對全世界苦難的一種關懷回應。

在藏語中，「tonglen」這個詞的意思是「送出去，放進來。」在這個實踐中，我們願意接受我們通常會逃避的東西。我們將它透過我們進化的意識，我們的慈心，讓它被轉化為療癒的力量。

自他相換是反直覺的：我們會保持而非逃避觸發我們的不愉快體驗。我們用我們有意識的吸氣將其吸入。然而，下一步，我們則會用我們的呼氣呼出一種療癒的能量。這的確是一種勇敢的行為，所以自他相換也是一種對恐懼的解藥！

當我們看到他人的痛苦，或感受到他們是如何被觸發，我們會使用同樣的做法：我們在痛苦中呼吸，並送出福祉。我們也可以把我們的關心延伸到所有正在受苦或處於危機中的眾生身上。現在，我們正在超越自己的「觸發——反應」，進入普遍的關懷和慈悲的愛。

> 在我們能與自己的痛苦同在的程度上，我們可以與挑釁我們的人同在。我們會把痛苦看成是可以改變我們的東西，而非不惜一切代價去逃避。……我們會發現自己越來越能夠為他人著想，即使在過去看似不可能的情況下。
>
> ——佩瑪．丘卓（Pema Chödrön），《生命如此美麗：在逆境中安頓身心》（Living Beautifully: with Uncertainty and Change）

## 從迷信走向現實

我們可以成熟地進入成人式的理解現實，而非一廂情願地進行癡心妄想和幻想。我們可以從這些常見迷信中找到新的意義：

**一切都會好起來的。**

我們將它改為：

一切都會如期而至，而我們將有機會去追尋最好的事物，或使之成為最好。

所有事情的發生都是有原因的。
我們將它改為：
任何事情都有可能發生，而我們有內在資源去尋找希望的理由。

善有善報，惡有惡報。
我們將它改為：
願善有善報，惡有惡報能幫助我們所有人成長。

上帝給我們的永遠不會超過我們能承受的範圍。
我們將它改為：
一些創傷性事件會壓垮我們，但現在我們有最先進的方法來尋找我們需要的幫助。

世上沒有巧合。
我們將它改為：

世上有基於隨機性的普通巧合，也有有意義的巧合。在這些巧合中，精神世界闖入了我們的日常經驗。

所有一切都取決於我。

我們將它改為：

恩典無所不在。

## 教誨和實踐

我們可以認知到，每一個時刻、每一個觸發點、每一次經歷，既是一種教誨，也是我們修行正念和慈心的機會。這種認知本身就是一種增強能力和解放精神的實踐。它也是樂觀主義的基礎。我們會把發生在我們身上的一切人和事看成是提供了一條通往覺醒的道路。我每天都會從以下的每日誓詞開始，表達這個主題，並將它視為一種得以仰賴的精神資源輸入：

我對今天發生在我身上的每件事都說「是」
以此為契機
無所畏懼或保留地給予和接受愛。

我感恩於持久的愛的能力
從宇宙的聖心來到我身邊。
願今日發生在我身上的一切
讓我的心扉越來越敞開。
願我的所思、所言、所感、所行、所為都能表達出慈心
對自己、對身邊的人、對眾生。
願愛是我的人生目標、我的幸福、我的命運、
我的使命，
我可以接受或給予的最豐富的恩典。
願我永遠特別慈悲
對於那些最不常或最後被想到的人
或是感到孤獨或失落的人。

## 淨心靜修

參加過夜的淨心靜修活動，尤其是那種無聲的，那是補充我們內在資源的一種有效方式。事實上，由於這是在靈修環境中發生的，也令它變得特別有價值。我們將自己從日常

的工作中抽離出來，居住在一個尊重我們的隱私和啟動我們的辨識力的地方。當我們去正視我們的深層問題時，我們的自我信任感就會增強，不強求回答，而是面對任何可能出現的問題：我們現在是誰？我們將何去何從？過去是怎樣的序幕？現在的生活對我們有什麼要求？什麼是準備好發生的？什麼是準備好要離去的？自己如何才能做好準備？

## 進化意識

如果從非二元論的角度看，我的覺醒欲望是宇宙本身的衝動變成自我意識，那麼我們是否也可以說，是宇宙的創造過程在給自己的大腦重新佈線？

——大衛．洛伊（David R. Roy），《新佛法之路》（A New Buddhist Path）

在進化中，一切都在朝著超越自身的方向前進，以便可以成為比自身還多的事物。從這個意義上說，它是靈性的。既然一切都在進化，就沒有終點。例如，我在窗外看到的橡樹並不是最終版本的自己——也永遠不會是。它將繼續根據環境中不斷變化的條件來調整自己。它將繼續做橡樹一千年來所做的事情，比一千年前更多進化。我們人類也是如此。我們也變得比過去幾年更進化，甚至比我們每個人出生時更進化。我們是宇宙重新佈線的部分。我們是一個未來。我們所說的更高力量也是如此，正如威廉．渥茲華斯（William

Wordsworth）在《綱要》（*Outline*）中所說：「宇宙的大地／夢想著未來的事物。」

「實現性」（Entelechy）是亞里斯多德所提出的一個術語。它指的是內在的驅動力，是使一個生命系統的存在和行動符合其真實情況的終生原則。海狸築壩；知更鳥築巢；人類建造房屋、家庭、社會。進化是關於所有生命和宇宙本身的生命力是如何不斷地啟動自己，使我們不斷地朝著我們的目標和目的前進：致力於建立一個正義、和平和愛的世界的統一。我們不得不朝這個方向開啟，除非我們設置一個障礙來阻止它。然而，我們可以透過沉迷、貪婪、仇恨、分裂、無知、暴力、復仇來阻止或阻撓我們的成長。我們唯一的機會是佛法，是關於放下仇恨和修行普世慈心的教誨。

當我們保持對自己的進化本性和命運的感知時，我們的內在資源就會增長。那麼我們就會理解佛教關於無常的教誨。「我不是過去的我，我也不會長久地成為現在的我。我的目標是在那不斷變化的景象中擁抱我應有的位置。我的命運就是要成為比我想像中更多的人。然後，我將成為共同創造一個正義、和平和愛的社會的集體目標的團隊成員。」這就是進化型精神的含義。它是一種強大的內在資源，因為我們正在把自己封為祭司，永遠將世界奉獻給神聖的真實存在。同理，當我們把自己奉獻給比我們個人目標更大的命運時，我們就會被這種偉大所激勵。我們的心就會變成正義、和平和愛。

最後，我們有時會想，為什麼我們會有無常的體驗——例如，有不斷改變的情緒、思想、感覺。其實，無常是一種進化現象，它是變化和進步的方式。宇宙、科學、我們大腦的神經可塑性中，一切都在不斷變化。當矛盾侵入浪漫的時候，關係當然會發生變化。事實上，在浪漫的時候送的花，就是對無常的微妙評論。然而，自然界的無常也會發生可靠的更新週期，所以無常畢竟不一定意味著徹底的結束。季節是希望對無常的回答。

## 從觸發點的象徵意義中學習

本書告訴我們，當我們掌握了生活中的觸發點，它們就會變成資源。來自他人的觸發點現在掌握在我們自己手中。一個實際的觸發點是武器的一部分。在英雄之旅的故事中，英雄攜帶著武器，用它來對抗龍或敵人。武器具有象徵性的意義，就像《星際大戰》（*Star Wars*）中天行者路克使用的雷射劍一樣，象徵著他對精神資源的獲取和需求。在神話中，我們經常看到英雄從神或女神那裡得到一種特殊的武器或護身符，這種武器或護身符是專門為他將遇到的敵人而設計的。

同理，在基督教信仰中，我們也被賦予了特殊的武器來對抗邪惡的力量：「所以要穿上上帝所賜的全副武裝，當邪惡的日子來臨時，你就可以站穩腳步，並且在你盡你所能之後，依然能夠站立。站穩腳步吧，將真理的帶子扣在腰間，將公義的盔甲穿在身上。」（《以弗所書》6:13-14 ）因此，無論在神話還是神學中，武器都是一種恩典，是來自超凡源頭的恩賜，是意想不到的內在資源，幫助英雄完成他的命運。我們若忽視以禮物形式出現的觸發點，然後我們就會陷入戰鬥的能量中，使我們遠離源頭和內在資源。我們會失去威廉·渥茲華斯（William Wordsworth）在〈丁頓修道院〉（*Tintern Abbey*）中的感受：

「我們歡喜的信仰，我們所看到的一切，
是滿滿的祝福。」

「怪獸」、「龍」或「敵人」實際上是一種內在的力量，是我們身上一些原始的東西，它反對我們更高的理性、智慧和愛的潛能。我們可以把這個基本元素稱為邊緣系統中充滿恐懼和反應性的部分。我們的內在資源則來自於另一種影響，即前額葉皮質。

在心理學上，觸發點揭示了我們內心的衝突。觸發點向我們準確地展示了什麼還在等待解決。我們的內在資源幫助我們走向解決。因此，路克拿著光劍，就像海克力斯拿著棍子一樣，呈現的並非兩個形象，只有一個。這把武器反映和描繪了他的人生方向，他的目標的力量。如果我們能以某種方式找到一種方法，將我們的觸發點解釋為我們人生目的的啟示，我們可能會欣賞它們本身就是一種資源。

當所有文化的故事中都有一個類似的主題，而且這個主題歷經數百年而不衰，我們就看到了人們對自己的故事和使命的真相。

我們是超級大國的原因不應該是因為我們擁有地球上最大的軍隊，或者因為我們擁有世界上最強大的經濟。我們應該成為超級大國，因為我們支持對地球上每個人都重要的東西。

——美國前總統吉米・卡特（Jimmy Carter），
自由大學畢業典禮演講，
二〇一八年維吉尼亞州林奇堡

## 大自然的力量

認識到我們與自然為一體是擺脫二元論的一種形式。佛陀的覺醒發生在晨星出現的時候。祂的第一個念頭可能是「那顆星不在外面。它是我。」我們甚至可以認為我們的冥想修行是與自然的結合。從這種一體性中，一條路就打開了。禪師鈴木俊隆（Shunryu Suzuki）在《事情並非總是如此》（*Not Always So*）中提醒我們：「雖然我們與人一起修行，但我們的目標是與山河、樹木、石頭一起修行，與世界上的一切、宇宙中的一切一起修行，並在這個大宇宙中找到自己。……然後我們會直覺地知道該走哪條路。」我們從開始實踐走向旅程。

花時間在大自然中，特別是獨自一人，去創造和補充我們的精神資源。這是因為大自然反映了我們的內在資源。我們看日出，覺得自己有能力去面對今天的事情，無論多麼令人生畏。我們看到日落，知道我們可以放下即將結束的東西，無論多麼不情願。我們經歷四季，欣賞生命的各個階段，相信在最漫長的冬天之後，會有一個不可阻擋的春天。每天獨處在自然界的時間——無論是在森林裡，還是在海邊，或者僅僅是在樹下——都會令我們的資源更加豐富。這是因為我們是自然界的一部分，承認我們與自然界的連結會激發我們內在的力量。

華勒斯．史蒂文斯（Wallace Stevens）在他的詩《最高虛構筆記》（*Notes toward A Supreme Fiction*）中寫道：「也許真理取決於在湖邊散步。」這些話反映了《詩篇》85:11所說：「真理必從地裡冒出來。」是的，我們可以在大自然的懷抱中找到真理，我們的真理。身為我們的精神導師，大自然向我們展示了我們和萬物進化衝動的真相。大自然是超然的，因為它所產生的真理，超越了我們理性思緒所能想像的。以下就是我的詩：

當我看到
第一朵仙人掌花
我所有的問題
都消失得無影無蹤。
全神貫注凝視著

在花瓣中，我
找到了佛法的天堂，什麼都沒有
被遺漏。

後記

# 顯示與告知的火焰

經文（和教義）對於處處見神明的開悟者來說，沒有什麼用處。

——薄伽梵歌（Bhagavad Gita）

這些年來，我經常冥想《蓮華經》（*Lotus Sutra*）中的以下故事，這是對前面引文的闡釋，而我也不斷從中找到新的領悟：

一位父親去市場買了所有他能買得起的食物，當作當晚的晚餐。他從市場回來，發現他的房子正在快速燃燒。他驚恐地看到他的孩子們在窗戶裡大笑。鄰居們都在叫他們，但他們卻不肯出來。他們被火焰的顏色和形狀所吸引，他們想待在燃燒的房子裡，不知道危險的存在。父親意識到他們很快就會死亡，便大叫孩子們：「你們一直想要的玩具，我帶來了。所以，快出來拿吧！」孩子們立刻跑出來到了安全的地方，雖然他們的父親根本就沒有玩具。他們以為自己被「欺騙」了，但其實是坐上了通往啟蒙最快的戰車，對承諾的失望——它提供了擺脫幻覺的自由，擺脫了殺人的誘惑。他們找到的是愛的真摯臂膀——親情、人與人之間的連結、共同生活——真正重要的東西。我們在法蘭西斯・湯普森（Francis Thompson）的詩《天堂的獵犬》（*The Hound of Heaven*）中讀到：

「所有這些都是你孩子的錯誤
遺失的幻想，我已為你存放在家中：
……握住我的手，來吧！」

在《蓮華經》的故事中，父親看到孩子們在燃燒的房子裡，驚慌失措地做出了反應。他的行動是叫他們到安全的地方。孩子們被他的承諾所觸發，做出反應，跑到屋外。

這個故事是一個寓言，指的可能是我們的精神信仰。我們是孩子。房子是我們的生活和我們的故事，帶著它所有吸收性的、經常是虛幻、但又充滿誘人色彩的戲劇。父親是佛陀，我們偉大的老師。父親也可以代表所有我們學習的老師和作家。火焰是我們被捲入的戲劇本身，雖然它們很危險。玩具是我們想像中的教誨和實踐練習，它們會給我們帶來我們想要的一切，會是解決我們所有弊病的靈丹妙藥，會讓我們永遠感覺美好。但沒有什麼教誨和實踐練習能做到這一點，那些「在我們腦海中跳舞」的「甜蜜幻影」在現實中找不到匹配的事物。

所有的老師和教誨都是在發揮最大作用時將我們引向我們真正需要的那種安全——雖然它不像吸引我們的戲劇的顏色和形狀那樣華麗，那麼充滿腎上腺素。我們找到的不是萬能藥，而只是切實際的現實，將我們從習慣性的、家常便飯的幻想中喚醒。我們可能希望得到萬能的、終極的玩具，其實根本就不是玩具，只是誘餌。然而，如果我們想獲得自由，我們就需要上當受騙。這就是我們如何找到真正的教誨的迷人悖論：它原來不過是對赤裸裸現實的肯定，只是少了每一個慰藉和庇護所。

佛陀是一個偉大的策略家，祂必須不惜一切代價將我們從我們的身體、心靈的屋子中拯救出來，因為我們的身體、心靈的觸發點和反應正在燃燒。他所提供的佛法並不像我們所期待的玩具那樣華麗，但它提供了從恐懼和渴望中解脫出來的自由——遠比逃避和舒適更有價值。佛法是無形的，但它讓我們建立在現實的基石上，遠比我們頭腦中任何誘人的幻想更珍貴。

**要怎麼做，才能讓我們每個人**
**都釋放出所有誘人的火光**
**詭計多端的鬼魂和心靈的夢想**

長久以來一直吸引著我們的目光
不是什麼，而是看起來像什麼？

# 附錄：掙脫恐懼魔掌的誓詞

每天使用以下一句或多句誓詞，經常重複這些誓詞，用身體感受它們，並想像自己將它們付諸實踐。選擇那些看起來最適合你的。將你選擇的那些或整個清單錄起來，然後每天聽它們，也會有幫助。然後，你就會聽到自己發出的勇敢聲音。每一句誓詞都會成為免於恐懼的歡快說唱。

- 我相信我真正的恐懼會給我真正危險的信號。
- 我注意到，我有不真實的恐懼和擔憂。
- 我越來越認識到真實的恐懼和想像的恐懼之間的區別。
- 我對自己這麼多年來的恐懼感到同情。
- 我原諒那些催眠我，讓我陷入虛幻恐懼的人。

- 我相信，我身上的無畏和恐懼一樣多。
- 我相信當我不得不面對一些事情的時候，我的力量就會打開。
- 我相信自己有能力應對今天的一切。
- 我在觸發點和我的反應之間創造了一個停頓。
- 我有內在的資源來處理任何恐懼或觸發。
- 我在自己的內心和外在找到支持。
- 我有巨大的重建和從恐懼中恢復的能力。
- 我越來越肯定自己的能力。
- 我越來越意識到我是如何在體內保持恐懼的。
- 我放鬆了我體內持有恐懼的部分。
- 我正在將我的身體從恐懼的控制中解放出來。
- 我打開我的身體，迎接喜悅和寧靜。
- 我放下了恐懼帶來的壓力和緊張。
- 我放下了對疾病、意外、年老和死亡的恐懼。
- 我放下了對未來的恐懼。
- 我放下了對過去遺憾的執著。

- 我放下了我父母對我的評價所持的任何束縛。
- 我放下了對未知的恐懼。
- 我不再害怕知道、擁有或表現自己的感受。
- 我越來越不害怕發生的事情，不害怕已經發生的事情，不害怕將要發生的事情。
- 我放下了對可能發生的事情的恐懼。
- 我放下了對最壞情況會如何發生的執著想法。
- 我放下了基於恐懼的想法。
- 我相信自己總能找到解決辦法。
- 當我進行偏執的幻想時，我會抓住自己，然後讓它們消失。
- 我對自己的信任讓我從恐懼和可怕的幻想中釋放出來。
- 我放下了對錯誤的後悔，我找到了繼續前進的道路。
- 我放棄了基於恐懼的決定。
- 我放下了對被拋棄的恐懼。
- 我放下了對親密感的恐懼。
- 我放下了對承諾的恐懼。
- 我放下了對脆弱的恐懼。

- 我放下了對付出或接受的恐懼。
- 我放下了對愛或被愛的恐懼。
- 我不再相信我必須達到別人希望我達到的標準。
- 我放棄了要做到完美。
- 我放下了對業績的恐懼。
- 我放下了我對性方面的恐懼。
- 我為自己倡言，並注意到我的勇氣在擴大和加深。
- 我對自己的能力很有信心，能夠應對讓我害怕的人或情況。
- 我放下了對任何人的恐懼。
- 我放下了對別人說「不」的恐懼。
- 我放開了我對說「是」的恐懼。
- 我不再被他人的憤怒所嚇倒。
- 我放棄去安撫那些恐嚇我的人。
- 欺負我的企圖現在落空了。
- 我放下了防備。
- 我在保護自己的同時，始終致力於非暴力的手段。

- 我堅持我的原則，同時忍住不露真情。
- 我不再覺得必須按照他（或她或他們）的方式做事。
- 我放下了滿足他人期望的需求。
- 我聲明並保護我的個人界限。
- 我放下了對別人不喜歡我時可能發生的恐懼。
- 我放下了對不認同、嘲笑、排斥或拒絕的恐懼。
- 我勇於不再去爭取他人的認可或愛。
- 我放棄了糾正人們對我印象的需要。
- 我放棄了自己的姿態、偽裝和裝腔作勢；我勇於做自己。
- 我勇於露一手、勇於展示我的激情、勇於展示我的熱情、勇於展示我的真情、渴望和需求。
- 我希望我的一言一行、一舉一動都能展現出真實的我。
- 我放棄害怕我想要的東西。
- 我開口追求我想要的。
- 我喜歡被人發現，喜歡做真實的自己。
- 我勇於去過真正反映我最深層需求和願望的生活。

- 我放下了對消費、儲蓄、分享金錢的恐懼。
- 我放下害怕自己會失去的恐懼，失去面子、失去自由、失去朋友、失去家人、失去尊重、失去地位、失去工作、失去機會。
- 我放下了不得不悲傷的恐懼。
- 我放下了對自己身為父母或孩子、伴侶或朋友是否足夠的恐懼。
- 我放下了對生命中可怕的恩賜的恐懼：無常、變化、痛苦、不公平、失敗的計畫、損失和背叛。
- 我有足夠的靈活性來接受生活的現狀。
- 我有足夠的寬容去接受我至今的生活方式。
- 我相信我現在的困境是一條路。
- 我放棄了控制；我順其自然。
- 我放手的東西比任何命運能夠奪走的東西都要多。
- 我不再害怕自己的力量。
- 我不再害怕他人的力量。
- 我放下了對權威的恐懼。
- 我對權力說實話。

- 我勇於為被壓迫和被邊緣化的人表態。
- 我和我們社會中最弱勢的人一起。
- 我勇於用我的生命去共同創造一個正義、和平和愛的世界。
- 當我為社會正義表現出勇氣時，我注意到我在生活的各個領域都放下了恐懼。
- 我有魄力和智慧。
- 我面對面地迎接危險。
- 我勇於奮起反抗。
- 我為自己說話。
- 我為別人說話。
- 我相信我內心的勇氣源源不斷。
- 我放手讓任何恐懼阻止或驅動我。
- 沒有什麼能強迫我，沒有什麼能阻止我。
- 我是一個英雄：我在痛苦中生活，並因痛苦而改變。
- 我在壓力下表現得很優雅。
- 我不再逃避，不再躲藏。
- 我放下了猶豫和自我懷疑。

- 我注意到自己身上的原始恐懼——例如，如果我愛上某樣東西，我就會失去它或被它奪走；如果某樣東西是好的，就不會持久；如果某樣東西是壞的，就會變得更糟。我認識到這些信念是迷信，並放下支持它們的恐懼。
- 我勇於冒險，但我的行為卻充滿了責任感和愛心。
- 我一直在恐懼這個明顯的死路背後尋找替代方案。
- 我不再一直在我的人生中去尋找一個害怕的理由。
- 我放棄了尋找害怕的東西的需求。
- 越來越多的恐懼正在變成健康的興奮感。
- 我讓恐懼消失，讓快樂進來。
- 我放下恐懼，讓愛進來。
- 我感謝在各地等待著我的愛。
- 我知道我受許多人深愛。
- 我感到被更高的力量（上帝、宇宙、佛陀等）所愛。
- 當我越來越將自己奉獻給比自己更高的力量時，我感覺到它通過、與我一起、在我體內活著。
- 我相信我的命運是重要的，而且我的生活正與之相符。

- 我越來越意識到他人的恐懼，對他們越來越敏感，對他們越來越有同情心。
- 我擴大我的愛的範圍，包括每一個生命。
- 我一直在設法表達我的愛。
- 我心胸寬廣，膽大心細。
- 我對傷害過我的人放下惡意。
- 我為恨我的人行善，為詛咒我的人祈福，為委屈我的人祈禱或祝願開導。
- 我可以說「唉喲！」，展開對話，而不是報復。
- 我勇於無條件地奉獻自己，我勇於無條件地致力於維護自己的邊界。
- 我尊重並喚起我動物的力量、人類的力量、神祉的力量。
- 我釋放了我的愛，直到現在被恐懼所禁錮。
- 我釋放了我的喜悅，直到現在被恐懼所抑制。
- 我讓真愛趕走恐懼。
- 願我永遠選擇溫柔的愛的道路，這是恐懼的最好解藥。
- 願我可以對今天發生在我身上的一切說「是」，讓它成為一個愛得更多、恐懼得更少的機會。
- 我一直在放手，一直在繼續。

- 我感覺到一種持久的無畏精神在我身上覺醒。
- 我一直在肯定我的自由，遠離恐懼。
- 我感謝恩典，能從恐懼中找到自由。
- 願所有的眾生都能從恐懼中找到自由。

確信沒有什麼事情會發生在我們身上，在我們的內心深處不屬於我們，這是……無畏的基礎……。那麼，生命就失去了恐怖，痛苦也失去了刺痛。

——戈文達喇嘛（Lama Anagarika Govinda），《西藏神祕主義基礎》

（*Foundations of Tibetan Mysticism*）

高寶書版集團
gobooks.com.tw

新視野 New Window 225
**情緒按鈕：告別一觸即發的情緒地雷，脫離悲傷、憤怒、恐懼的掌控**
Triggers: How We Can Stop Reacting and Start Healing

作　　者　大衛・瑞丘（David Richo）
譯　　者　蔣慶慧
主　　編　楊雅筑
封面設計　黃馨儀
排　　版　賴姵均
企　　劃　何嘉雯

發 行 人　朱凱蕾
出　　版　英屬維京群島商高寶國際有限公司台灣分公司
　　　　　Global Group Holdings, Ltd.
地　　址　台北市內湖區洲子街 88 號 3 樓
網　　址　gobooks.com.tw
電　　話　(02) 27992788
電　　郵　readers@gobooks.com.tw（讀者服務部）
傳　　真　出版部　(02) 27990909　行銷部 (02) 27993088
郵政劃撥　19394552
戶　　名　英屬維京群島商高寶國際有限公司台灣分公司
發　　行　英屬維京群島商高寶國際有限公司台灣分公司
初版日期　2021 年 6 月

TRIGGERS: How We Can Stop Reacting and Start Healing by David Richo
© 2019 by David Richo
Published by arrangement with Shambhala Publications, Inc.,
4720 Walnut Street #106 Boulder, CO 80301, USA,
www.shambhala.com through Bardon-Chinese Media Agency
Complex Chinese translation copyright © 2021
by Global Group Holdings, Ltd.
ALL RIGHTS RESERVED

國家圖書館出版品預行編目（CIP）資料

情緒按鈕：告別一觸即發的情緒地雷，脫離悲傷、憤怒、恐懼的掌握 / 大衛．瑞丘 (David Richo) 著；蔣慶慧譯．-- 初版．-- 臺北市：英屬維京群島商高寶國際有限公司臺灣分公司，2021.06

面；　公分．--（新視野 225）

譯自：Triggers：how we can stop reacting and start healing

ISBN 978-986-506-137-1（平裝）

1. 情緒管理　2. 生活指導

176.52　　110007283

凡本著作任何圖片、文字及其他內容，
未經本公司同意授權者，
均不得擅自重製、仿製或以其他方法加以侵害，
如一經查獲，必定追究到底，絕不寬貸。
著作權所有　翻印必究

GOBOOKS & SITAK GROUP©